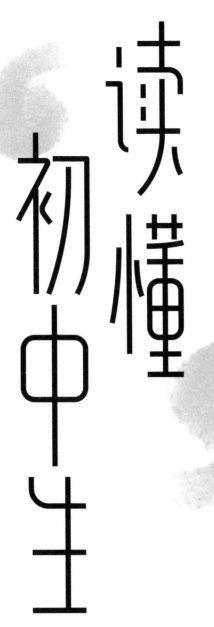

读懂初中生

心理特级教师的咨询手记

——修—订—本——

杨敏毅 黄莉莉 著

中国人民大学出版社
·北京·

目 录

第1辑

学生学业困惑背后的心理密码

第2辑

学生成长烦恼背后的心理密码

第**3**辑

学生人际交往背后的心理密码

第 **4** 辑

学生异常行为背后的心理密码

再 版 前 言

　　时间是最好的见证。本书出版以来不仅受到广大读者的关注与好评，也收到社会的良好反响。不断传来的加印消息，说明此书受到了大家的青睐。在此向大家表示我们诚挚的谢意。

　　再版之际，与大家交流一下当初写作的动机和当下的思考，以及关于本书的修改和未来的期待。

　　当初我们的写作意图就是想说说学生的心理故事，谈谈教师应该如何应对学生的心理问题，但写着写着我们发现小学生、初中生和高中生的心理故事有所不同，教师应对的方式也该有所区别。所以，就写成了《怎样读懂学生：心理特级教师的建议》《读懂小学生：心理特级教师的咨询手记》《读懂初中生：心理特级教师的咨询手记》三本书。它们分别针对不同年龄学生的特点，给教师和家长提出了建议。在撰写过程中，我们发现学生心理问题的发生和解决，与教师、家长的心理困惑、做法息息相关。教师和家长不仅是学生处理心理问题的解铃人，而且是学生产生心理问题的系铃人。因此，我们又撰写了两本关于教师和家长心理的书：《做内心强大的教师：教师常见心理困惑解析》《透视孩子的心理世界：给教师和家长的心理学建议》。

　　几年过去了，学生的问题、教师的方法都发生了变化。比如，肆虐全球的疫情对学生的心理、亲子关系等都造成显著影响。所以我们补充了一些符合当下情况的案例。书中人名均为化名。修订后的各书更贴近读者的实际需求，也更具指导性。

岁月催人成长。我们在不断实践的基础上，对"读懂学生"这四个字也有了新的理解。本书第一版记录的 48 个心理咨询案例，主要从问题出发，在倾听学生的基础上剖析、澄清实质和辅导学生。现在，我们觉得"读懂学生"还应体现在理解、接纳和引导上。我们应该读懂学生的学习特点、兴趣特长、心理特质和困惑特需，并在积极心理学基础上，开发更多有趣的、有效的心理辅导活动，以改善学生的情绪状态，优化学生的心理品质。

这几年我们走访了一些学校，接触了一些学生、教师和家长，对学校心理健康教育工作的重要性有了更深的理解。教师们渴望获得更多读懂学生、家长和自己的方法与技能。面对日益复杂的学生心理问题，他们希望能有人给予指点与示范。这些交流让我们觉得自己有义务做好这项工作。所以，我们将本书修订再版，继续发掘新话题，希望能为学生、教师心理健康水平的提升做点儿贡献。

序　言

　　现在的小学生和初中生普遍集长辈的万千宠爱于一身，这造成一些学生不同程度地存在各种心理问题。这就需要教师和家长多关注他们的心理需求，及时了解他们内心的想法，耐心倾听他们心底的声音，理解他们的欢乐与苦恼，成为他们成长路上的引路人和陪伴者。

　　我们在整理以往的心理咨询案例时发现，中小学生的心理问题主要集中在学业困惑、成长烦恼、人际关系和心理障碍四个方面。

　　在学业方面，学生的入学适应问题表现得尤为突出，面对新环境、新同学和新老师，学生不知该如何应对。"零起点"入学的小学生适应能力明显偏弱。一些初中生入学后，面对同学间的学习竞争显得很迷茫。有些学生一听说要考试就紧张、焦虑，考试时头脑一片空白。某些平时学习成绩不错的学生，在考试中出现无法发挥正常水平的情况。某些家境富裕的学生，学习动力不足，把学习视为苦差事，甚至出现花钱雇同学替自己完成作业的现象。

　　在成长和人际交往方面，学生存在与同龄人交往不畅、性格孤僻、喜欢抱怨别人、不接纳自己等情况，容易产生人际关系方面的困惑与冲突。有些学生内心很孤独，自我控制能力较弱，情绪起伏较大，易冲动，为了得到他人的关注，常采用搞恶作剧、说谎、打骂他人、顶撞教师等不恰当的表现方式。随着父母离异、家庭不和、亲子间缺乏沟通等现象增多，许多学生缺乏安全感，出现自卑、叛逆等心理。这些学生在与老师、同学的接触中，难以交到知心的朋友，难以融入班级群体；在与家长的相处中，缺乏信任与感恩，亲子关系疏远、冷漠，甚至冲突、对立。

在心理误区方面，有的教师总怀疑学生得了某种心理疾病，常常在网上寻找案例，然后对号入座地判断学生是否患上了"抑郁症""多动症""人格障碍""强迫症"等，并不自觉地给学生贴上有心理障碍的标签，从而加重了学生的心理负担，影响其身心健康和学业成绩。有些学生则通过吮吸手指、暴饮暴食或其他异常方式来发泄不良情绪。教师要善于观察学生的各种行为表现，分析学生的心理状态，及时转介给专职心理教师或心理医生诊断处理。教师千万不能妄加评判，伤害学生的人格尊严，耽误学生心理干预及治疗的时机。

作为过来人，教师更应学会站在学生的角度思考问题，用欣赏的眼光看待每个学生，建立良好的师生关系和家校关系。教师应掌握学生的情绪和行为状况，运用各种方法与手段做心理指导，帮助学生健康、快乐地成长。

为了更好地向读者呈现学生的行为特征，分析隐藏的主观和客观原因，清晰展示咨询的脉络，本书采用故事叙述和心理对话的方式写作，以增强案例的可读性。案例后的"聆听手记"简明扼要地概括了案例类型和诊断结论。

衷心感谢合作者吴权和黄莉莉两位老师。她们克服工作繁忙、家务繁重、身体不适等困难，认真写作，精心修改，使书稿得以顺利完成。感谢陈明梅、吴安和徐涛三位老师提供案例。

第1辑

学生学业困惑背后的心理密码

　　每个孩子对学习最初都是充满好奇的，只是在长大的过程中因为各种学习经历，产生了不同的心态与期待，由此也出现了不同的心理问题。这就需要我们认真剖析，有的放矢。有的需要重构信心以消除学生的不合理信念，有的需要改进学习方法，有的需要适度放松甚至调整目标，有的需要多管齐下。老师或家长在面对孩子的学习问题时不能以偏概全，而要在追根溯源的基础上，去理解他们，提供有针对性的帮助。

1 "真想回到小学"
—— 如何帮助新生应对入学适应问题

在给七年级新生做心理讲座时，有一名男生引起了我的注意。他坐的位置比较靠前，我能清晰地观察到他的状态——耷拉着脑袋。讲座结束后，我邀请他到心理咨询室坐坐，这似乎让他有些不知所措。为了尽可能消除他的不安与顾虑，我开门见山地说出了邀请他的原因："你一定觉得很突然，我只是刚才看到你精神状态不太好，昨晚睡得不好吗？"

他显然有些抵触，简单地回答："还好。"

这个答案让我有些无计可施，该怎样和他逐步建立信任关系，打破这种僵局呢？"开学已经近两个月了，是不是还有些不习惯？"

"您怎么知道？"

我舒了一口气，也许这可以成为转机。"因为我注意到其他同学都在热火朝天地交谈，而你一直没参与。"

"我在这里不舒服。"他脱口而出。

"这里是指哪里？"

"学校。"

"我不一定能帮到你，但是我们可以试一试。"

"怎么试？"

"对于你在学校里不舒服的状态，我想你很想改变吧？"

他沉默了，我的理解是他默认了我的说法。

经过了解得知，男生叫肖肖，个子比同龄人高，体形偏胖，动作略显迟缓。我们进行了深入交谈，他进入中学后的情况慢慢地清晰起来。肖肖的妈妈是小学英语老师，爸爸做生意，家庭经济条件比较好。肖肖觉得妈妈平时对他的期望值很高，要求他考进班级前十名。她看到他的成绩不如意的时候，总是一味地批评、指责他不用功，并一直唠叨"书读不好太丢脸了"等。爸爸对他比较宠爱。但令他感到意外的是，原本一直对他疼爱有加、对成绩并不在意的爸爸，在得知他摸底考试的成绩处于班级倒数的情况后，没有安慰他，他因此感到更加无助。

进入中学后，面对陌生的同学和老师，肖肖一时无法适应新学校紧张的学习节奏，总是闷闷不乐的，无法融入新集体；在与同学的相处中，也比较被动，总等别人邀请他一起聊天、玩耍，而且在交往过程中总以自我为中心，希望同学都听他的；常常因为一些小摩擦而大发脾气，认为同学欺负他，看不起他；经常向老师打小报告，在老师调解时，他又认为老师偏袒别人，有意针对他。慢慢地，他就成了"独行侠"，同学都不太愿意和他一起玩了。

在学习上，一开始肖肖挺认真努力，自信满满的，但摸底考试成绩让他的自尊心和自信心受到了打击。他觉得很丢脸，认为班上的同学几乎人人都是优等生。在努力了一段时间后，他的学习成绩仍不见起色，于是，他认为自己脑子笨，学习基础差，既无法进步，也无法超越同学，所以，他的学习态度变得非常消极。他连作业都写得马虎、潦草，甚至不愿做。

"这个学校的人都很不友好，我以前学校的老师和同学都很好的。"他带着不服气的口吻说。

"你是不是很想念以前的老师和同学？"我问。

"我可想他们了，真想回到小学！"说着，他的眼眶红了。

"你能不能举几个例子具体说说呢？"

"有一次午休课上，班主任让同学们自习，值日班长负责检查纪律，如果发现谁不认真，就把名字记下来告诉班主任。当时，坐在我前面的同学向我借水彩笔，在交接过程中说了几句话，值日班长就把我的名字和其他几个人的名字记下来了，而坐在我前面的那个同学却没有被记名。过后，我向班主任解释，但他根本不听，执意让我们几个同学在全班同学面前认错。"他委屈并气愤地说。

"你有什么想法吗？"

"老师和同学都不喜欢我。不然，值日班长为什么专记我的名字，不记我前面那个同学的名字？老师为什么不听我解释？"

"听上去，如果记了前面那位同学的名字，你就不会生气，也不会认为老师和同学都不喜欢你了。"他想了一会儿，点点头。

"我们先来做一个看图讲故事的游戏吧！"

"好。"他表现出较大的热情。

我出示了四幅情景图，内容如下：

一个小男孩拿着一个模型船。他看到地上有一张 100 元的人民币，就把模型船放在一旁的椅子上，弯腰捡钱。有人坐到了他的模型船上，模型船被坐扁了。那个人是盲人。

请他根据每张图片的情景，说说图中小男孩当时的心情怎样，为什么。

在分析过程中，我和他一起找到了他的问题所在——想法不合理。因此我请他制作了入学以来的心情表，记录他不愉快的经历，他对这些经历的想法和心情，有没有可能换个角度来想，哪种想法会更好。

这次心理辅导主要是和他一起寻找在学校出现情绪低落的原因，是否存在不合理的想法。

肖肖再次来到心理咨询室时，直截了当地说："老师，我还是觉得大家都不喜欢我。"

"是不是人人都对你说'我不喜欢你'？"

"没有。那怎么会呢？"

"是不是人人看见你就像看到了怪物一样，都躲着你呢？"

"倒也不是。可是，大家在玩的时候都不叫我。"

"是不是每个参加游戏的人，都是被邀请的呢？"

"不是。"

"别人是怎么做的呢？"

"有的人说：'我想和你们一起玩！'有的人说：'我能和你们一起玩吗？'有的人好像直接就混进去玩了。"

"如果有人这么说或这么做，你会怎么回应呢？"

"我肯定会说'好的'。老师，但是学校还是让我感到很不舒服。我的同学都很厉害，我和他们比起来，简直太丢人了。"

"有什么能证明你丢人呢？"

"进入中学后，我的成绩总是一塌糊涂的。再这么下去的话，我肯定考不上高中，不丢人吗？"

"说得这么严重，离中考还有很长时间呢！这么未雨绸缪说明你很有规划能力。"

"也不是。我妈总这么说。"

"那你也这么想吗？你现在每门功课都不及格吗？"

"那倒不是，七八十分还是有的。"

"那不错了，可以算良好了。"

"可我们班有很多学霸，好多人考 100 分呢！"

"从开学到现在，你对自己的学习成绩从来没有满意过吗？"

"上次数学考试我考了 92 分，全班排第 10 名，老师表扬我了。"

"你真棒！"

"有吗？"

"当然。你不是说你们班有很多学霸吗？你在班级中还能考第 10 名，那不是很棒吗？"

"好像是哦……"

这次心理咨询让肖肖的心结似乎解开了不少，他不再强烈地认为班级中的每个人都不喜欢他，也不再认为自己是笨蛋，考不好就很丢人了。

顺畅的人际交往不仅有助于缓解他的压力，还能够促进他适应学业。因此，我制订了行为训练计划，鼓励他放下自我，主动与同学、老师建立友好关系。比如，进出校园时，主动与值日老师和同学打招呼；与老师和同学擦身而过时，面带微笑，自然问候；遇到不懂的问题时，及时向老师请教；在同学玩耍、嬉戏时，主动要求加入等。

为了帮助肖肖在学习成绩上有所突破，我建议他做好以下四点。

第一，设定合理的期望与目标。

第二，探讨有效的学习方法。

第三，虚心向老师和同学讨教经验，改进学习策略。

第四，建立成功小档案，将每次成功，哪怕是非常小的成功与进步都记录下来，激励自己克服学习上的困难，每天进步一点点。

带着希望和承诺，肖肖离开了心理咨询室。

 聆听手记

在与肖肖建立信任关系的初期，我逐步分析了他存在的问题。

第一，情绪低落，少言寡语。

第二，面对成绩落差，自信心受挫，有自卑感，变得敏感、多疑。

第三，存在不合理的认知，又缺乏人际交往的技巧。

第四，受不良情绪影响，学习兴趣大减，动力不足，成绩无明显起色。

因此，在咨询过程中，我先着眼于改善他的不良情绪，再通过认知与行为训练技术，帮助他发展健康、正常的人际关系，并帮助他确定合理的学习期望，使他逐步走出自卑，提升自信心。

2 一考数学就紧张的女生
——如何引导学生与紧张共处

九年级班主任周老师向我诉说了她最近的疑惑："班上有名女生叫小夏，平时很乖巧听话，对老师的要求都能不折不扣地执行，平时的考试成绩比较不错，但是一碰到大型考试就出现严重失误。您可否与她聊聊，看看到底是什么情况？"

在约定的时间，小夏准时到了。她眉清目秀，身材纤瘦，说话声音轻轻柔柔。"平时上课，我都是认真听讲，作业也是独立完成的，但不知为什么，一到期中、期末这样的大考，我就考不好。"她不解又无奈地说。

"你说考不好是指什么？"我问。

"分数达不到期望值。"

"多高的分数算达到期望值？"

"平时我各科成绩都能在平均分以上 5—10 分，但是一到大考，每门都比平均分低。"

"看来你对自己有比较清晰的定位。这些学科里有你特别喜欢或擅长的吗？"

"不能说喜欢或擅长，应该说我最害怕数学。其实，每次语文是第一门考，考得还好，但是在数学后面考的几科就糟糕了。"

我耐心地听她分析自己的情况，在这几门学科里，她对数学最没把握，所以一到考数学的时候就容易紧张，发挥失常。接下来，基本上就沉浸在失落、担心的情绪中，在考其他科目的时候忧心忡忡，不能正常发挥了。

看样子她害怕数学考砸是症结所在，害怕的背后会有什么故事呢？

小夏说："因为亲戚家的孩子都考上了市重点高中，我如果考不上，就会觉得自己很差。所以，考好一方面是自己的目标，另外一方面也是希望自己在家族中能抬得起头。偏偏考数学的时候容易卡壳，一卡壳脑子里就'嗡'的一声，有一个声音说：'完了，完了，这次肯定要考砸了。'越是这样担心，结果越是糟糕。考完数学以后，整个人就会很沮丧，没法集中精神，心情特别低落。'一模'和'二模'都没发挥出自己该有的水平。虽然老师在班上也安慰同学，模拟考试难度相对大，中考题型会简单点儿，不用太担心。但是，我还是非常害怕，怕连简单的题目都做不出来。"

小夏的紧张，夹杂着自尊和焦虑，还有很多说不清、道不明的东西。

为此，我建议她把心中的这份惴惴不安用笔画出来。就这样，小夏安安静静地在那里画了许久。乌云、雨、一把伞……画完之后，她说心中好像没那么堵了。让心中的感觉可视化，这是梳理思维、安抚情绪的好办法。

问题的症结是，小夏对紧张的感觉特别敏锐，一旦内心感受到它，就会有连带的担心，似乎预示一定会卡壳，预示一定会发挥不正常，预示中考失利，预示自己在家族中是个失败的人。那把伞，大约是她无处安放的感受吧。

"这把伞会不会是紧张的象征？"我问。

小夏看着我，迫切地希望我讲下去。

"那些未知的不确定就像乌云、雨天，每个身处这个环境中的人大抵不会心情舒畅。如果有一把伞也许能遮蔽一下，可是一旦你感觉到紧张，你就会更害怕，情绪会急转直下。因为你觉得紧张就是来坏事的。但是，你有没有想过紧张会提高你的警觉性，而这份警觉会让你尽你所能发现问题，认真复习。有没有可能换个语气和紧张对话？"

小夏若有所思地带着她的画回去了，她说要留个纪念。

对于万一没有考上市重点高中就证明她是一个失败的人，在家族中就抬不起头了的想法，我提议她和爸爸妈妈推心置腹地聊聊。

在冲刺迎考阶段，小夏挤出时间来做了一次心理咨询。

小夏开心地说："最近好像紧张的感觉好点儿了，考数学或者其他科目被题目卡住的时候，似乎没有那么慌里慌张了。数学也有发挥不错的时候，感觉自己有信心了。"

为了强化这种感觉，我让她仔细总结、回顾过去的这段时间自己都用了哪些好办法。因为有的方法未必对自己有用，咨询老师的方法也不一定有用，只有跟自身经验结合起来尝试后见效的方法对她才有用。

小夏说："遇到一时做不出来的题目，我就暂时放一放，有时心理放松了也就有思路了。"她已经能重新审视自己不合理的想法，建构新的认知，比之前更加气定神闲了。紧张的感觉是不太好，人们对未来的、重要的、不确定的事，往往会紧张。卡壳现象很普遍，绝大多数人在考试的过程中都可能遇到卡壳的情况，卡壳时的紧张感可能会更强烈，它和考砸并没有必然联系……

对于考市重点高中，在和爸爸妈妈沟通后，小夏明白，他们已经看到了她的努力，认为她尽力了就好。人生的道路漫长，只求无悔的拼搏，其他交给时间去证明，无须和家族亲戚做比较，每个人有自己的成才之路。我想正是他们对孩子的这份理解和包容，让小夏能够丢掉很大一部分心理包袱。

在最后的冲刺阶段，小夏又来找我做心理咨询，原因是晚上有一段时间感到特别困，学习效率特别差。

"有没有什么办法能够让我不困？"她问我。

我话锋一转："其实还是紧张让你对自己的学习效率特别在意吧？"

小夏点点头，表示越到冲刺阶段，就越希望自己能够抓紧一切时间，让自己有更高的学习效率。紧张确实能极大地激发自身的潜能，让自己尽一切可能去专注于自己看重的事，比如中考。但是身体是一个巧妙的调节者，它会在适当的时候告诉自己需要缓一口气，需要调整一下或适当休息。

我告诉她因为处于最后的冲刺期，身体疲劳是很正常的反应，该休息就休息一会儿。比如，让爸爸妈妈过半个小时叫醒自己。要和紧张的感觉说："嘿，磨刀不误砍柴工，暂时休息一定不会耽误太多，学习效率提高反而会收获不少。"另外，在高强度的学习节奏下，中午可以在座位上小憩。不必过于介意耽误一点儿时间，那是在给身体补充能量。我尽力让小夏明白，学习的过程确实磨砺人的心智，特别磨炼人的抗压能力、应对能力和正确对待紧张的能力。

后来，从班主任那里得到反馈，小夏中考发挥正常，如愿考入了某市重点高中。

紧张是一种很常见的情绪体验，在学生时代可能和学习关联密切。它的表现有考试焦虑、睡眠不足等，所以需要抽丝剥茧地去厘清学生的心结究竟是什么。

因为紧张带给人的感觉不舒服，学生经常听到"你不要太紧张了""这有什么好紧张的呢"之类的无效安慰。很多人在感受到紧张的时候就会更紧张，好像它就和糟糕的结果连接一样。事实上，心理学早有研究发现，适度的紧张、焦虑有助于个体正常发挥。按照规律，人在遇到自己看重的事情时，大体都有紧张感，这不代表心理素质差。我们能做的事情就是，把紧张看成一个自然而然发生的过程。紧张的每一次出现，都能给自己一个机会去厘清自己内心的诉求，也让自己能够专心。

所以，在成长的过程中，学着和紧张共处是一项很重要的能力。

3 英语学困生
——如何帮助学生克服习得性无助

这天，我上完心理课后，辰辰同学来到我的心理咨询室，说："老师，我觉得自己就像那只狗一样，习得性无助①了！"

辰辰，七年级男生，是实验班的学生，班上的学生各方面表现都比较优秀。

"老师，虽然我是实验班的学生，但是我成绩很差。"

"成绩差未必就是习得性无助，你觉得自己不够努力吗？"

"我就像实验中的那只狗一样，不想努力了。"

"怎么说？有什么原因吗？"

"我再怎么努力，总是在班级倒数的位置徘徊。"

"所以，你感觉你的努力没有用，是吗？"

"差不多吧。"

"语文、数学、英语这三门都是同样的情况吗？"

"我数学还不错，语文马马虎虎，英语就不提了。"

---

① 美国心理学家塞利格曼于1967年在研究动物时提出了这个概念。他用狗做了一项经典实验。起初他把狗关在笼子里，只要蜂音器一响，就给狗做电击，狗被关在笼子里逃避不了。多次实验后，只要蜂音器一响，虽然在给狗做电击前把笼门打开了，结果狗不但不逃，反而不等电击出现就先倒在地上呻吟和颤抖。这只狗本来可以主动地逃避却选择绝望地等待痛苦的来临。这主要是因为先前它逃避电击失败了，慢慢地它就认为自己没有能力逃避电击，这就是习得性无助。

"是英语拖了后腿？"

他想了想，说："是的。再怎么努力，英语就这个水平，垫底。"

"所以你是因为英语对自己学习整体产生了无望感？"

"什么是无望感？"他问。

"就是觉得英语学不好，在班级就永远都是垫底的结果了。"

"差不多吧。"

"如果英语成绩改善了，那种感觉就会改变，是吗？有没有可能是你对英语学科的认识改变了，你的那种感觉也会改变？"

"怎么改变？"他露出了期待的表情。

"你现在的表现说明你还不是习得性无助，顶多有这个倾向。"

辰辰呵呵一笑。他说爸妈都是经商的，平时工作较忙，对他的学习不够关心，和大多数基本不管孩子学习的家长一样，虽然常把"完全靠孩子自己，不希望给孩子太多压力"等话挂在嘴边，但一看到考试成绩，总免不了指责他。

"你爸妈虽然希望你靠自己，但更期待你能够更优秀？"

"是的。他们每次看到我的英语成绩就特别生气，现在看到其他学科的成绩也开始数落我了。他们那么优秀，而我却总给他们丢脸。"

"他们直接这么说？还是你自己的感觉？"

"感觉。他们总说同事家的小朋友成绩多么优秀，多么不用家长操心。"

"每次听到这些话的时候你心里很不是滋味吧？慢慢地，你就觉得自己没那么优秀了，是吧？"

"差不多吧。不知道该怎么办，正好您上课时讲到习得性无助，所以我就来找您了。"

"我们先简单分析一下原因。你平时都是怎么学英语的？"

"老师布置了抄写、背诵、默写、做卷子等作业，我就做呗，还能有什么方法？"

"一般花多少时间？"

"挺快的吧，说不好。"

"做完作业以后呢？"

"没有以后了。"

"从小学以来一直都这样吗？"

"差不多。老师，您不会又要说预习、复习、整理错题、复习错题吧？我们老师都讲了无数遍了。"

"那你怎么不做？"

"没时间。"

"怎么没时间？"

"作业多。"

"你大概花多少时间做作业？"

"一两个小时吧。有时候若订正的作业多了就说不准了。"

"能坚持一直做吗？"

"哪能啊？做一会儿玩一会儿。"

听上去辰辰是把做作业当成替老师完成任务了，而且在做的过程中不够专注，且不注意方法。他就读的小学是一所普通学校，英语教学水平一般。

我基本理清了辰辰的一些情况。首先，他的父母因工作忙碌未把握住培养孩子好习惯的关键时机；其次，他小学积累的英语基础薄弱；最后，他上的小学是普通学校，同学之间的水平差距不大，因此他还算优秀，这也直接导致他的父母只看到他的成绩，疏忽了培养他的好习惯。

第二次来做心理咨询时，辰辰和我交流了对学习英语毫无信心的另外一些原因。刚上中学时，他由于不能迅速适应中学的学习节奏，英语成绩不断下降，他的同学基本都是来自各小学的优秀学生。他觉得英语老师对学习好的学生和他没有做到一视同仁，觉得自己无论怎样努力都不可能达到老师的要求，只好绝望地放弃学习，上课的态度从想听懂到不愿意听，作业书写开始变得潦草，不愿意订正。老师在对他教育多次后发现他并没有大的改进，很生气，批改他的作业时，打叉就打得特别大。他父母很生气，就和老师起了争执，结果学校就换了英语老师。他为此感到十分内疚。他认为原来的英语老师教得挺好的,他所在的班级英语成绩在年级中名列前茅,其他同学都学得那么好,那只能说明他笨,学不好英语。

"所以你现在学习英语的时候,总有一种感觉,是自己的无能才引发了父母和老师的冲突,因此,又额外增加了一份厌恶感。"

"差不多吧。"

"我觉得你已经看到了一部分原因,却被无能的感觉控制而选择了无视它。比如,小学英语老师的教学水平导致你和现在的同学在学习基础上有明显的差距。"这样看来,辰辰确实有习得性无助的迹象,要赶紧想办法应对以防止固化。

"可是,都过了一年多了,如果有影响那也应该差别不大了!"

"理论上应该是这样,但原先比你学习基础好的同学更能有效学习,他们的成绩都在稳步提高,而你呢?这样差距就体现出来了。所以不是你的能力问题,而是学习基础和当前学习习惯带来的结果,你说呢?"

"那我要怎么办呢?"

"其他几门学科中,你更喜欢哪一门,为什么?"

"数学,老师讲过后我理解了就会做题。如果让我在黑板上做题准确率也很高,这个感觉就很好。英语,唉!"

"你觉得英语学习能达到这个程度吗?"

"太难了。"

"也就是说,达到做题准确率超高,有机会展示自己,甚至被表扬和被别人羡慕的程度,目前还不太可能出现在英语学习中,是吗?"

"差不多。"

"所以,现在只能靠抓住任何微小的进步来不断激励自己。比如,熟练地背出一段文章,某些题目能做到只错一次等。总而言之,自己要成为能发现点滴进步的有心人。"

"我试试。"

"见到现在的英语老师,你有什么反应?"

"能躲则躲呗!"

"见到数学老师呢?"

"大大方方问候,甚至开开玩笑。"

"如果这是对英语老师呢?"

"太可怕了……哦,我有点儿懂了,您是让我多和英语老师交流?"

第三次做心理辅导时,我们从英语学习方法的角度进行了探讨。除了及时、认真完成老师布置的作业外,辅导的重点在于:第一,及时复习后再做作业。第二,订正作业要保质保量。第三,记忆、积累常规词汇的方法。第四,对需要记忆的内容,如何根据遗忘规律把握有效的复习时间段……

辰辰慢慢理解了学好初中英语是个循序渐进的过程,靠的是正确的学习方法,而不仅仅是学习基础,这样一来他的学习成绩渐渐有了起色。

聆听手记

一个人在经历了连续的失败和挫折后,面对问题时可能会毫无自信,感觉无能为力,从而产生自暴自弃、丧失信心的心理状态和行为,这种状态被心理学家称为习得性无助。像辰辰这样的学生,出于各种原因对毫无进展的学业产生了无能、无助感,这时老师要帮他分析原因并从点滴处寻找契机,循序渐进地帮他改善。

从家庭教育的角度来说,家长应培养和发展孩子的自主性。有的家长就像辰辰的家长,认为完全可以信任孩子,对培养孩子的好习惯丝毫不予关注;而有的家长则认为完全不能放手。其实,家长必须学会放手。问题的关键是什么时候放手。在孩子还没养成良好的习惯时,家长就盲目地选择放手,只会让孩子饱受挫折,最终可能失去信心。

4 难以静心学习
—— 如何引导学生避免中考前分心

这天，有人敲响了心理咨询室的门："老师，我可以进来吗？"

原来是学生小玉。我起身热情地将她迎了进来。

还没打开话匣子，她的眼泪就像断了线的珠子，她哭了很久才慢慢平静下来。我没有打扰和阻止她，任她在这个可信任的环境里暴露她的脆弱。哭过之后，她不好意思地笑了笑。我快速而肯定地告诉她，这样做很好。这可以打消她在心理咨询室里的顾虑，真实地面对自己。

小玉告诉我，马上要中考了，但是她心神不宁，总是不能静下心来复习；睡眠质量也不好，经常半夜醒后就很难再入睡。我起初以为是面临中考，超负荷的压力给她带来了焦虑。后来才发现，事情远没有那么简单。

"我有一个双胞胎姐姐，她应该和我一样要参加这次中考，但是她休学在家已经差不多一年了。"

"怎么回事？"我略带惊讶地问。

"我们家住在离我学校很远的地方，为了能够照顾我和姐姐，爸爸负责照看在家的姐姐，妈妈则在学校附近租了一套房子负责照看我。"

"为了你俩，你爸妈都很不容易。"

"我爸爸最辛苦，因为我妈妈从来不做饭，都是爸爸过来把饭做好，再带回去和姐姐一起吃。"

这个家庭真的很特别！一家人分别扮演怎样的角色？从我的角度理解，小玉的爸爸是在照顾三个"女儿"吗？小玉又是如何看待她妈妈的呢？

"说到我妈妈，"她不由自主地叹了口气，"她只会给我压力。"

原来，升入九年级后，由于成绩优异，小玉被选拔进了实验班。她急于想在实验班中出类拔萃，但连续几次都考砸了。有一次，居然跌到年级150名左右。妈妈知道这个结果后没有给她任何安慰和鼓励，直接从厨房里拿出菜刀，威胁她再不考好就与她一起死。

"看到面目狰狞的妈妈，我吓得躲在房间里一直哆嗦。我想不通，这是我亲妈呀！她居然可以为了成绩让我去死？"很显然，尽管妈妈的出发点也许是期望她勤奋努力，获得佳绩，但这样的方式，对一个九年级的女生来说，除了给她带来震惊、害怕、不知所措、失望等情绪冲击外，还能带来什么呢？

"我想，妈妈的这个行为带给你的伤害现在还在吧？"

她努力抑制住再次夺眶而出的眼泪，点点头说："是的。时不时就担心如果考砸了，妈妈会不会真的拿刀砍我。"

"如果有机会可以和妈妈说说你对这件事情的感受，你会怎么表达？"

她轻轻地说："妈妈，我知道你非常希望我考出好成绩，我也一样。但是，进入实验班后，面对竞争残酷的中考，大家不再有昔日的欢笑，我不习惯，很孤单。我的努力似乎没有效果，我感到压力很大。"

小玉还提到一件事。自从她转至实验班，妈妈就明确表示不喜欢她和原来班级的同学相处。妈妈觉得他们不够优秀，怕他们影响她学习。有一次，她和老同学在一起有说有笑，正好被妈妈看到，妈妈毫不留情地当着大家的面批评她，这让大家都很尴尬。

"妈妈，我知道这是你给我施加压力的方式，但只有和老同学们一起谈笑风生，才能化解我压抑在心的焦躁情绪。我和她们相处只是彼此调节心境的一种方式，为的是让我们更有力量面对中考。"她继续说。

"你和妈妈交流过这些感受与想法吗？"

"没有。她很善变，我不太敢和她说话。爸爸叮嘱我，妈妈最近生病了，正吃药调理，让我不要跟她计较。"

"你可能不太认同你爸爸的话，是吗？"

"我知道爸爸辛苦，还是蛮听他的话的，但他说妈妈是因为生病了才用刀威胁我，毫不留情地批评我，我总觉得不太能接受。"

"从我的角度看，你妈妈似乎在情绪方面确实出了些状况，这可能影响了她的判断力。但你要明白，这可能是她需要处理的情绪。"一方面，我希望小玉能了解她妈妈言行举止背后的原因；另一方面，我不希望正值中考冲刺阶段的她有心理负担。

"你之前说心神不宁，总是不能静下心来；睡眠质量也不好，经常半夜醒后就很难再入睡，是不是与刚才说的事情有关？"

"嗯，"她顿了顿说，"最主要的是现在姐姐休学在家，我有点儿自责。"

"你自责？"

"是的。我不确定是不是我造成的。"

"我不太明白，你想表达什么？"

小玉向我说明了缘由。原来，姐姐和她的关系从小学开始就变得不大好了，因为姐姐的成绩一直没她优秀，性格也没她乖巧，爸妈基本上都是表扬她而批评姐姐。再加上她小，爸妈总是要求姐姐让着她。不知不觉中，姐姐对她就产生了反感。

九年级刚开学，不知道什么原因，姐姐便不愿再去上学了，爸妈怎么做工作都做不通，后来只能任由姐姐休学在家。家人为姐姐安排了专门的心理咨询，慢慢地，姐姐各方面的状态在好转。但是，在前不久的九年级推荐生考试中，小玉被推荐上区内排名第二的市级重点中学。在这种情况下，姐姐的状态似乎又变差了，一方面损她："你也不过如此，上不了区内排名第一的市级重点中学嘛！"另一方面又变得寝食不安，因为姐姐也把目标定在了那所区内排名第二的市级重点中学，觉得那个目标更接近自身水平，更有可能实现，几乎已经是摩拳擦掌、跃跃欲试了——没想到小玉被推荐上了那所学校。姐姐好不容易读中学的时候有机会和小玉分开，考进两所学校，终于可以摆脱在同一所学校而不停被比较的状况。可是如果进入同一所高中的话，又将回到小学模式，姐姐将生活在小玉的阴影下。所以，姐姐怨恨小玉抢了自己心仪的学校。

对此，小玉满肚子的委屈："我好羡慕姐姐！她完全可以由着自己的性子来，想做什么就做什么，想怎么做就怎么做，喜怒形于色，非常真实。可是，我却必须听从、服从爸妈的意志。因为姐姐成绩不如我，我就成了爸妈的面子工程，不像姐姐只要有一点儿进步，他们就会极力表扬，而我只有成绩很好才能得到肯定。为了得到肯定，我很努力地学习，但姐姐却因此而怨恨我。若为了让姐姐不怨恨我，我就得不那么优秀，但这时爸妈肯定会在第一时间暴跳如雷，感觉我怎么做都是错——两方总有一方不能讨好。为什么我就不能像姐姐那样洒脱地活着呢？"

"我能够理解你的矛盾。因为你很善良，你爸妈和姐姐任何一方你都不想伤害，所以到最后，你只能伤害自己，让自己胡思乱想、左右为难、心绪烦躁。"

她坐在椅子上玩味我的话。

"但是，问问你自己，读书、考好高中的目的是什么？"

"希望我能为未来做好准备吧！您给我们上心理课时，我就希望将来能够学习心理学。"

读书本来是一件单纯而简单的事，但因为家人，小玉读书的情况变得错综复杂。她哪一方都想兼顾，但可能哪一方都无法兼顾。这时候就需要老师帮助小玉做减法，让她撇开其他因素，考虑内心最本真的愿望，这会在一定程度上让她理清思路。至于小玉的姐姐，在没有信心、感觉无力的时候会心态失衡、放逐自己，这个艰难改变的过程需要她自己去完成。

因为这是临近中考前的一次咨询，我能做的就是支持小玉，倾听她的心声，让她有机会宣泄一些负面情绪，让她能够分清自己的选择、姐姐的选择和家人的选择，尽可能地轻装上阵去迎接中考。

在与小玉互动的过程中，我分明感受到了这个家庭系统不佳的状况。相对健康的爸爸和不太健康的妈妈，相对健康的妹妹和不太健康的姐姐。他们都在用自己的方式试图平衡家庭关系，却危机四伏。这次的心理咨询，小玉暴露出健康表象下的不健康状态，最理想的做法其实应是中考结束后，全家人都做系统的家庭治疗。

针对特殊的时间点——中考前，则不必强求咨询的系统性，但应尽可能提供倾听场所，尽可能陪伴学生并趁机发现、调整学生的认知，从而帮助学生以更好的状态面对中考。

5 成绩下滑的第一名
——如何帮助学生纠正不当认知

　　小胜是九年级学生，平时学习刻苦、踏实，成绩一向优异，以考上市重点中学为目标。作为班级学习委员，他待人亲切和善，工作能力很强，是老师和同学心目中的优秀学生。

　　这天，小胜走进心理咨询室时，眉头紧锁，面容憔悴，脸色苍白，精神不济，与先前意气风发的他简直判若两人。是什么原因让他在考前的状态如此糟糕？我赶紧让他坐下，与他细细交流。原来，他最近几次模拟考试的成绩不理想，没有拿到班级第一名，年级排名也由期中考试后的第一名跌至第十九名。

　　"我看你的气色，最近是不是睡得不太好？"

　　"嗯，睡得比较少。"

　　"估计每天睡多长时间？"

　　他想了想说："现在的学习任务很重，作业一般都做得比较晚，自己还要做习题和复习，已经有意将睡眠时间调整为五个小时了。"

　　"持续多久了？"

　　"差不多一个月了吧。几次模拟考试都没发挥好，所以想多复习。"

　　"有休息、娱乐的时间吗？"

　　"几乎不参加。"

　　"结果呢，有没有达到你想要的效果？"这个问题虽然有点儿明知故问，但我还是需要听听他对自己的看法。

　　"没有。现在很容易疲劳，注意力似乎减退了，头痛，复习不进去。

睡觉的时候翻来覆去，似睡非睡，好像一直在做梦。"

"你今天到这里来的目的是？"

"看看老师能不能帮我摆脱现在的苦恼？"

"你说的是状态不好、效率不高和结果不佳，哪一个苦恼？"

"都是。"他用力点头。

"只要你想改变，我们就一起想想办法吧！"我用坚定的眼神看着他，"从本质上说，你是一个对自我负责、有较高自我期望的人。"

"呵呵，以前是，现在不是。"

"这话怎么说？"

"我现在考得不好。"

"愿意说说以前和现在的区别吗？"

"以前我稳居年级第一，现在连班级第一都拿不到了。学校藏龙卧虎。"

"那你也是藏着的龙、卧着的虎啊！"

"以前是。"他苦笑了下。

"就因为考了年级第十九名？"

"主要是已经全身心扑在学习上了，想拿第一结果却做不到，我都有点儿害怕考试了。"

"你是为了中考，还是为了拿第一？"

他愣了下，吐出三个字："拿第一！"

看来是这种没有弹性的高目标形成了高压力，反而影响了他的学习效率。

我问："为什么一定要拿第一？"

原来，在小学四年级时，小胜的爸妈离婚了，之后妈妈长驻外地工作，他则随外公、外婆生活，与爸爸少有联系。一直以来，他觉得妈妈一个人挣钱养家十分辛苦，所以，他平时表现得比同龄男生要懂事、明理。初中阶段他学习非常刻苦，成绩总是名列前茅，稳居年级前三名，可以说从来没有失手过。拿第一，就是为了讨妈妈欢心。妈妈一直以他为荣，要求他必须考上重点中学。在他升入九年级后，妈妈特意调整工作回来陪读，而他近来的考试成绩却令妈妈失望了。

"你妈妈特意调职回家，你有什么感受？"

"虽然心里高兴，但感受更多的是压力，妈妈为我做了很多牺牲。"

"怎么说？"

"她在外地工作更顺手。"

"这是你自己的感觉，还是你妈妈曾跟你提过？"

"我能感觉到，妈妈也时不时说，回来就是为了陪我顺利通过中考的。我觉得能够考第一名上重点高中，那是证明自己优秀最好的方式，这样妈妈一定会对回来陪我感到无悔的！"

"真是一个孝顺、懂事的孩子。除了担心辜负你妈妈的一番苦心外，还有其他原因吗？"

小胜想了想说："连续几次没考到班级、年级第一名，我觉得老师和同学看我的眼神有点儿奇怪。"

"怎么奇怪？"

"感觉他们不再看好我，老师有一种莫名的忧虑，同学甚至拿我开涮，问：'学霸这次考第几啊？'"

"所以你剥夺自己的睡眠和娱乐时间，为的是考回年级第一名？"

欲速则不达，初三、高三的学生容易产生"高原反应"，即进入总复习阶段后，各种测试繁多，如果成绩总没有进步，甚至下滑，学生就更容易出现反应迟钝、心理疲劳加速等问题。这样就会引发焦虑，情绪更易波动。这时候学生更要有平常心，千万不能牺牲睡眠和必要的娱乐。

小胜还告诉我一个细节，他在师长和同龄人面前常表现出两面性：在老师和家长面前表现得较内向、听话；在同学面前则能说会道，有说有笑，有一定的领导才干，在同学中威望较高。这和他目前的状态有关系吗？我整理了他的信息，恐怕这是阻碍他拥有平常心的深层原因。

"为什么会有这种表现呢？"

"我觉得老师和家长心中的好孩子应该是乖顺的、不张扬的，听他们的话，但是同学们喜欢能说会道的人。"

"你是说，你知道别人希望你怎么表现，就会按照他们期望的去做？"

"差不多吧。"

"这样做能让你获得什么？"

"赞扬和肯定。"

"你很享受别人对你的赞扬？"

"嗯。小时候因为爸妈离婚了，我一度比较自卑，偶然一次表现好，得到了老师、亲戚的表扬，觉得好像变得自信了。妈妈因为我拿了很多奖状，就开心地带我去这儿去那儿，买这个买那个，这种感觉真好。"

"所以，你觉得周围的人对你的评价很重要？"

"是的。"

"所以，考试结果不理想的时候，你不仅担忧成绩，更担心你妈妈、老师和同学对你没有好的评价了，是这样吗？"

"是的。"

我建议小胜和身边人进行一次沟通，可以从老师、同学中挑选几个有代表性的人做一次小调查，让他们谈谈对他未获得班级、年级第一名这件事的看法；也可以与妈妈交流，弄清楚妈妈调职陪读的动机、有没有自我牺牲的用意，下次来做心理咨询时再一起探讨。

小胜因此了解到，周围的人对他的印象并没有随着近几次成绩下滑而改变，相反都觉得他很坚强，认为他实力强大，成绩只是偶尔不稳。妈妈也心平气和地坦陈自己调职的动机，只是为了更好地照顾他的起居和饮食，不算自我牺牲。最重要的是，小胜一直都是她的骄傲。她不会因为他成绩没考到年级第一而对他丧失信心。对此，小胜感到很高兴，发现大家并没有否认他是优秀的。

我提醒小胜要学会更好地肯定自己，否则会失去自我，背负额外的压力。该怎么做呢？要想明白中考对个人意味着什么，目标是什么，成绩暂时的停滞甚至下滑又意味着什么。实际上，人生就像一场马拉松，中考只是其中一个挑战。何况也未必要苛求到以第一名的成绩进入重点高中，中考不是考给谁看的，没考到第一名也不说明自己差。而成绩的停滞不前或下滑状态正好是一个信号，可以及时提醒自己发现学习中的漏洞，这反而让自己更容易稳操胜券。

为了调整复习迎考阶段的情绪，我教小胜专门练习了腹式呼吸法进行放松。渐渐地，他的睡眠状况有了改善，每天能睡 7 个小时。面对妈妈时，他不再有压抑感，每天都愿意花十几分钟和她聊聊学校的事情，心情开始好转；学习热情高涨起来，效率也提高了，也懂得劳逸结合了，每天能坚持锻炼 30 分钟，而不再是一天到晚做题……

"老师，我考上心仪的重点中学了，谢谢您！"中考发榜之日我收到了小胜发来的消息。

聆听手记

当一个人的行为获得别人好评，被别人赞赏时，人会获得某种满足感，自尊心也会因此提升。然而，在一个人的成长过程中，这种满足若常取决于别人，一旦孩子把父母或者他人的价值观念当作自我概念，他的行为便不再受机体评价过程的指导，而是受内化了的别人的价值规范的指导，这样一来他就容易扭曲自己的感受，将外在的期待替代为自己的期待，模糊真正的自我概念。简单地说，只是取悦于人，这才导致小胜出现了这样的心理压力——不能以第一名的成绩进入重点高中就不能证明他优秀。类似这样的个案，在咨询过程中，老师主要以来访者为中心，发现他身上的积极层面，同时挖掘出不当认知，促进学生及时做出调整。

6 "脑子里一片空白"
—— 如何帮助学生克服考试焦虑

小米来到心理咨询室的时候，正是初冬时节，半年后他将参加中考。

一开始，其实是小米的班主任向我求助说，小米进入中学时，成绩处在班里的中上水平，但随后成绩每况愈下，现在拖欠作业，上课时常常走神。快要中考了，希望我帮助小米改善一下状态。在班主任的建议下，小米来到了心理咨询室，我感觉他并不排斥，也许他也想改变目前这种情况吧。

初见小米的模样我至今印象深刻：相比九年级的其他男生，他个头有些矮，身体瘦弱，眼里没有神采，说话细声细气，习惯性低头，没有少年应有的活力。

"班主任希望我到心理咨询室来，我也很想改变自己的状态。"他说。

"很高兴你有勇气直面自己并选择相信我。你说的状态具体是怎样的？"

"刚进中学的时候，我的成绩还是很不错的，可是慢慢地不知道什么原因，我很想保持原先的优势，但事实似乎总在跟我开玩笑，让我一次比一次跌得更惨。"

"越想保持成绩，跌得就越厉害，这样很受打击吧？"

"是的。我在上课时会不自觉地走神，做题的时候，脑子里一片空白。"

"除了一片空白的感觉，还有其他的吗？"

"心慌。"

"现在每次考试时还是渴望能恢复到刚进中学时的状态吗？"

"心里还是蛮想的，但我根本做不到！"他异常懊恼，"我很想摆脱现在糟糕的状态，可是我没有办法。"

"你有没有想过，这就是考试焦虑带来的不良后果？"他抬起头看着我。我继续说："因为你一直背负着想要恢复原先优势地位的包袱，随着'回不去''达不到'次数的增加，不断体验失败的滋味，心理压力越来越大，内心的包袱就越来越重，你的状态因此也就越来越差。"

实际上，小米之所以考不好，是因为在考场上过于紧张，而这种紧张程度扩散到了平时的学习生活中，导致他无法脱离这种状态。

"仔细想一想，哪种感觉会令你舒服一些？一种是感觉自己正在慢慢进步，另一种是感觉自己再也达不到那个最佳状态了。"

"当然是前者，但我现在的状态是后者。老师，我是不是应该接受现有水平的事实，在这个基础上努力争取有所进步？"他好像顿悟似的说。

"说得好！原先的优势只是告诉你曾经优秀，面对现实要看到自己与他人的差距，并对自己有信心，在接受现实的基础上慢慢去改变和提升。"我建议他。

一周之后，小米如约来到心理咨询室，脸上有一丝淡淡的微笑："我感觉自己的状态有点儿恢复了！"

"太好了！你能说说自己是怎么做到的吗？"我鼓励他。

"我告诉自己，过去的已经过去了，给自己定了一个近期的目标，在年级里争取进步 10 到 20 名。"

"看上去你正在逐步改变。"我再次鼓励他。

"可是，我要怎样提升自己的学习成绩呢？"他带着求助的目光问。

"首先应该是提高听课效率吧。"

"虽然这个情况比以前好些了，但有时候听着听着还是不由自主地走神。老师，您有解决的妙招吗？"他主动求助了。

到了九年级，复习的时间远多于上新课的时间，缺乏新鲜感的课题，会令部分学生从内心产生不重视甚至排斥的情绪。有的学生听课习惯不好，只是单纯地听，没有思考和提问，难免出现因疲劳而导致分神等问题。所以小米要先察觉内心真实的状态，要重视复习课，不要怠慢；要做好周密的复习计划，课后多向老师、同学请教；抓紧查漏补缺，让自己进入良性的听课循环中；要学会在听的过程中用笔简单地记录要点，注意不是全盘记下，那样做只会影响上课效率；要以听懂为目的，以记笔记为辅助，因为在听的过程中简单记录可以调动更多的感官参与，由此更能提高听课效率。

又过了约两周，小米第三次来到心理咨询室，心事重重地告诉我："感觉自己的状态又变差了！"

"状态有反复也在情理之中，有什么特别的事情发生吗？"

"一周前，爸爸让我待在他的公司，说周末放一天假，让我放松放松。可是我感觉这就是在浪费时间，把我原先的计划全打乱了。那天之后，状态就一直不好。"

"具体是怎样的？"

"爸爸打乱了我的复习计划。我和他吵架后心就静不下来了，很着急，觉得什么都还没复习呢，想着其他同学今天又进步了很多……"

"实际上是担心自己与其他同学相比落后了，一直纠结在这个感觉里。这诱发了你和你爸爸的冲突，对吗？"

"差不多吧。"

"我们来说一说这个想法有什么地方需要改进吧。你爸爸说让你放松放松，他的出发点是什么？放松对处于复习阶段的你来说是否有意义？答案不言而喻，只是你自己觉得很内疚，很担心。在比较长的复习阶段里，如果有两天因为放松而没有学习，最糟糕的结果会是什么？"

"好像也就是当时的作业进度受点儿影响，知识点大体已经掌握了。"

"所以，适当放松并没那么糟糕，你可能陷入了内疚、自责的状态。当然，如果你实在不喜欢你爸爸试图让你放松的安排，可以直接与他沟通，争取他的认同，按自己的计划去复习，而不是发生冲突后又烦恼与内疚，对吗？不过，我们也可以反过来想一想，难道复习只有面对书本这一种方式吗？"

他与我探讨起复习的手段和方法来：看书的方法、做题的方法、记忆的方法、默诵的方法等。思路被打开后，他的注意力完全集中到如何运用各类复习方法指导他的复习上了。

小米第四次来到心理咨询室时，如同第二次那样，兴奋地与我分享他的学习状态有很大改善，听课的效率提高了，除了能快速记下老师讲的要点、重点外，还能及时思考并注意去理解了。但在两个时间点上学习效果似乎还不理想，每天上午和下午的第一、二节课仍旧比较低效。这是两个特殊的时间点，人在此时的学习效果有差异，我在心里思量着。

"能具体说说感觉到的低效是什么样的吗？"

"就是有些想睡觉。"

"以前有过这种情况吗？"

"九年级以来好像蛮多的。"

"你平时作业做到几点？晚上一般几点睡？"

"12 点以后吧，我动作不是很快。"

我告诉小米，由于学习节奏紧张，作业量不少，九年级的学生普遍作业做到很晚，这就导致睡眠时间不足。入睡时间延后而起床时间不变甚至提早，势必导致睡觉时间被挤压，大脑必然缺乏休息。而复习了一上午，加上中午人容易犯困，因此在上午和下午的第一、二节课学生最容易出现睡意。所以在课余时间，应尽可能选择离开教室，适度活动，让大脑得到调节。像他这种相对安静的学生，也可以通过到窗口远眺和闭目养神的方式，放松 10 分钟，改善大脑的紧张感。

小米表示平时还有紧张感，颈部有时候觉得紧绷着，不舒服。

我建议小米："可以去医院做一下检查，排除大脑和颈动脉的病理性问题。如果仅是情绪紧张和身体压力所致，只要适度放松和调整就能得到较好缓解，不必过分担心。"他安心地离开了心理咨询室。

　　学生的心理咨询有别于成年人。成年人可能人生经历丰富，只需要协助他做出一个合适的选择即可。而学生在很多方面是未知的、缺乏经验的，那么必要的教育和引导就显得尤为重要了。比如，对小米来说，正确认识考试焦虑，掌握听课技巧等可能会促进他改善学习行为及结果。类似小米这样的学生，我们需要和他一起找到适合的目标去重新建立自信，有必要的话需要在学习方法等方面给出具体的建议和指导。教师觉察他的一些不恰当的认知并和他一起做出调整，才能够更好地帮助他。

7 "不调入普通班就退学"
—— 如何帮助学生制定合理的目标

这天，刚忙完工作的我正准备下班回家，突然接到校长的电话，被叫到他的办公室。办公室里的气氛有些严肃，一个剪了男孩发型的小姑娘背着厚重的书包站着，双眼有些红肿，似乎在努力克制自己不让泪珠掉下来。身后站着她的父母，显得着急又无措。

校长见我进来马上说："这是我们学校的心理老师，你们先跟她去谈谈。"

一家三口迈着沉重的脚步，跟我到了心理咨询室。

女生的爸爸着急地向我讲述了事情的经过："晓静一直跟着她姥姥和姥爷在老家住，两个月前跟着我们来到这里生活。她之前学习成绩一向不错，在这边我好不容易找了一所好学校。谁晓得不到两个星期，她就哭着闹着不去学校。"

女生的妈妈补充道："她说那所学校压力太大，想换所学校。看着孩子我们觉得心疼，所以好不容易又来到现在这所学校。可她不知道怎么回事，一点儿也不理解大人的辛苦，刚上了一个星期课，又要求调换班级。她说这个班的同学都不喜欢她，议论她，她没有朋友。因为之前课程耽误了，她现在上课听不进去。今天来找校长，就想问问能不能调换班级。她说：'不调入普通班就退学。'这不，校长让我们来找您。"说完长长地舒了一口气。

我大概明白了事情的经过，看了看坐在一旁的晓静，她仍旧低垂着脑袋，脸涨得通红，双手不自然地来回搓动。我示意晓静的父母到隔壁休息室等候，起身给晓静倒了杯水。她头也没抬地说了声"谢谢"，又不作声了。

"晓静，听起来你爸妈很着急……"

我话还未说完，她说："他们着急，我也着急呀！可是，我没办法。"她仍旧低着头。

"我知道你也着急。从进门到现在，你的双手一直都没有放松呢！"我微笑地看着她。

她抬起头，不好意思地笑笑，松开双手平放在腿上。"老师，您相信我也很着急，但我无能为力吗？"她用一双水汪汪的大眼睛认真地看着我。

"我相信。不过我不大明白，听起来你学习基础挺好的，是什么让你觉得没办法，无能为力呢？"

"老师，不瞒您说，我在老家学习挺好的，一直都在班级前三名。来这里的第一所学校，摸底测验我考得特别差，觉得很丢脸。因为是插班生，班里同学我一个都不认识，那两个星期我觉得又丢人又煎熬，压力很大，想着换所学校能好一些，我就求爸爸把我转到这所学校。可我发现，我现在所在的班级是学校最好的班级，同学们特别团结，我还是融入不了。加上之前的课没怎么听，现在听课就像听天书。所以，我想如果调入普通班可能会好一些。可是爸妈，还有老师，都觉得我自甘堕落。我不想弄成现在这样，可是，我真的很煎熬，也没办法。"

听到这儿，我基本上可以了解到，这是一个很要强的女生，接受不了上课听不懂、没有同学羡慕和围绕的现状，更接受不了不是前三名的自己，所以一再退缩，希望到了普通班又可以做回优秀的自己。

我问她："如果你有一个好朋友，跟你有一样的经历，她现在征求你的意见，你会怎么给她提建议呢？"

晓静笑笑说："老师，我懂您的意思。我当然会骂她傻，让她坚持留下来。好班谁不愿意去！可是，我经历过了就会更体谅她。我不适合待在那样压抑的环境里。"

"你看到那个班级的同学都像你说的那么压抑吗？"

她顿了顿："那倒没有。可能我是新来的，没有朋友。"

"这个我能理解。到一个新环境，每个人都需要一段时间才能适应，才能慢慢交到朋友。可是，你都没有给自己时间去适应呢，现在的你像个逃兵一样，还没开始打仗就准备溜号了。"

她不好意思地笑了："老师，我好像没法让自己安静地待在班里。我上课听不进去，就觉得烦躁。这学期都快过去四分之一了，可我连一个星期完整的课都没听过。每次想到这点，我就特别忧虑，更加烦躁。"

"忧虑？忧虑你听不进去课，还是忧虑你上课时间太少？"

"两个都有吧。因为上课时间少，所以不太能跟得上。越是听不懂就越忧虑。再这样下去，我就更没心思听课了。"聪明的学生一点就通。

我话锋一转："你对自己的学习成绩有什么要求呢？"

"之前我一直是前三名，老师和同学都对我特别好。可是现在我不想让别人嘲笑我，更不想让爸妈失望。"

"你到底是因为没有朋友而不想学习呢？还是担心学习跟不上想给自己找借口一次次退缩呢？到底哪个是原因，哪个是结果？"

她猛地一抬头，突然醒悟了一般："老师，您这么一说，我才发现，我是担心学习跟不上被人取笑，所以才一次次换环境选择逃避。"

"嗯，你已经学会自我剖析了。"

"我懂了。其实不是班级的问题，而是我太在意成绩，害怕失败，所以给自己找个台阶，这样就可以避免我心里过于难过了。"她露出了难得的笑容，"其实我要是想交到朋友，还是很容易的。我以前性格就挺开朗的。"

"那是不是可以这么说，你也不确定去普通班一定会比现在好？"

"仔细想想，我只是想着去普通班自己不会特别失败，我的忧虑其实在哪个环境都会存在。老师，我给自己的压力可能太大了。到了一个新环境，还用旧标准来衡量自己，我挺傻的。"

"能认识到这点就说明你不傻。都说山外有山，优秀的班级肯定会有更多优秀的同学。环境变了，我们也要变呢！"

"老师，我还有可能进入前三名吗？"

"虽然一个多月没怎么上学，但是你学习基础本来就不差，回到以前的排名是没问题的。"

"老师，真的吗？"她兴奋地问我。

"没问题的。但是我们需要重新确定目标，咱们先不考虑进入前三名，争取下学期期中考试能进入前三名，怎么样？"

"老师，只要能够回到以前的状态，迟一点儿进入前三名，我也能接受。"

"那咱们需要做个计划，分四步来实现目标。前提是你得答应我，先不跟别人做比较，咱们跟自己来较劲儿。怎么样？"

"没问题，只要能考进前三名，都行。"

接着，我跟她一同分析了她现在的学习情况，并制订了详细的学习计划和任务目标。辅导结束的时候，她由衷地表示："老师，不瞒您说，其实我本来打算退学的，跟您聊完后，觉得浑身都有劲儿了。我不退学了，也不转班了，我一定会好好努力，在这个班再考入前三名！"

聆听手记

谁说成绩好的孩子没有压力呢？当过高的目标暂时没有实现时，他们的焦虑可能会成为成长路上的绊脚石。

人往高处走，怎么还会有人像晓静一样想调入普通班呢？她的问题从表面上看是对新环境不适应，深度挖掘后就会发现，她是因为给自己设置的目标太高，不能实现才选择退缩，希望找个足够安全的环境以保证自己不会摔得太惨。而她所说的没有朋友、班级同学的议论，都是给自己的退缩找理由。

所以，老师帮助她调适心态，制定合理的学习目标，让她学会一步步有计划地学习就很重要了。当她对自己抱有希望并愿意努力的时候，人际关系的问题也会迎刃而解，因为她本来就是个开朗的学生。加上班主任和任课老师的帮助，她一定会又一次"起飞"。

8 "我不想进实验班"
——如何帮助学生发现自我

很多家长带孩子参加学校的实验班选拔考试，我由此想起了那个执拗的女生。她曾说："我不想进实验班。"

女生叫佳佳，当年她正好是八年级升九年级。

那一年，为了激励学生积极进取，学校制定了流动机制，即平行班部分成绩优异的学生可以通过一定的考核、审核后进入实验班。学生都跃跃欲试，准备在初中最后一年，用实验班浓厚的学习氛围来激励自己做最后的冲刺。佳佳通过了相关考核后，却想放弃，这可急坏了她的爸妈。

他们远在外地，就联系上我，希望我能够去做佳佳的思想工作。可是，作为心理老师，我若贸然去找佳佳开展思想工作肯定不妥。所以，我先和佳佳的班主任做了交流，了解佳佳的有关情况。

佳佳是一个各方面都比较独立的孩子，从小就住校。她有一个姐姐，可以说与姐姐相依为命。从进入中学后的学习表现来看，她是一个聪明的女生，又有些惰性，不想给自己太大的压力，所以想放弃进入实验班的机会。班主任虽然希望佳佳能有更好的发展，但也不能强迫她进入实验班。

情况是否如佳佳的班主任分析的那样呢？我不敢确定，也不想成为佳佳家长期望的思想工作者，更愿意与佳佳共同进行一次自我剖析与未来展望之旅，让她学会为自己的选择负责。

佳佳的妈妈在电话里说服佳佳来心理咨询室找我，佳佳如约而至，这令我感到意外和惊喜。见到佳佳的第一面，我察觉她的精神状态不是很好，有些颓废。

"是进实验班还是留在原来的平行班，想必已经有很多人做你的思想工作了，这让你感觉压力重重吧？现在心理老师又很唐突地找你……"我话音未落，她就掉下了眼泪，强烈的情绪反应表明她小小的身躯正经受煎熬。

我未阻止，递给她纸巾任她哭泣。也许在亲朋好友面前，为了坚持自己的主张，她刻意伪装坚强，但此时此刻她选择了释放，表达自己的委屈和无奈。过了许久，她稍微平静些，哽咽地说："姐姐刚刚和我通了电话，觉得我不进实验班的理由太牵强。下午她还会到学校来找我谈。"

又是一阵沉默。待她心情平复后，我问她不愿进实验班的理由究竟是什么，内心深处是否存在顾虑。

"实验班并未打乱重组，只是增加一部分同学。原来的班级成员彼此都很熟悉。班级的规章制度、处事方式都了然于心。进入实验班后，一切都不熟悉，我一定会紧张的。"

"何以见得你一定会紧张？你是一个容易紧张的人吗？"

"差不多吧。我是一个极为慢热的人，对陌生环境的适应会有一个比较长的过程。"

"还有其他原因吗？"

"像我从平行班进入实验班，身份是双重的。虽然在实验班学习，但学号还在原来的班级，实验班的同学会把我当作临时人员，感觉会怪怪的。"

"这好像是本次调整的制度问题。"

"还有就是实验班的同学很活泼，而我太文静了。"

"这点你是如何知晓的？平时和他们接触过？刚刚你不是说对他们不熟悉，会紧张吗？"

"我说的紧张是指在不太熟悉的环境里遇上陌生的人会比较紧张。我没和他们接触过，只是恰好和实验班的部分同学一起参加过活动。我发现他们都能积极地向老师提问题，互相交流。可我经常只是旁观，什么问题都提不出来，有时候甚至根本就听不懂他们在交流什么。"

"这一点打击到你了，让你感觉自己比实验班的同学反应慢，勇气差，是吗？"

"是的。"

"可是你也说是恰好和实验班的部分同学一起参加活动的时候感觉到的，你并没有和实验班的所有同学一起学习过，是吧？"

"实际上，我的学习成绩并不是一直那么好，总是忽上忽下的，不太稳定，只是这次运气不错，发挥得好，所以通过了审核。我们班里还有好几个同学学得都比我好，平时考试成绩都比我优异，只不过他们这次没发挥好。"

"所以你觉得自己成功通过审核根本就是侥幸？"

"差不多吧。"

佳佳对自己有机会进入实验班有一种不合理的归因。心理学上，给自己的某种行为后果找一下原因，如自己对学习、工作成败的原因做出判断，即为归因。心理学家韦纳认为，人们一般把原因归结为能力、努力、任务难度、运气等方面。他还把人们归纳的这些原因做了分类：从它来自内部还是外部的角度将它分为内因和外因；从它能不能被我们个人意志控制的角度将它分为可控和不可控。运气属于不可控的外因。很显然，佳佳把自己成功通过审核进入实验班归因为运气，这表明她是不自信的，是一种消极的归因。

"从你的表述来看，你似乎有这样一些顾虑。首先，缺乏自信，害怕学业压力的挑战；其次，面对新环境有些发怵，不知道怎样交新朋友。"

她的脸上闪过一丝惊讶的表情，但没表示有异议。

"你觉得，若真的进了实验班，按你的说法，最坏的结果是什么？他们本来都是一个班的，彼此非常熟悉，你是刚进去的。"

"没人理我。"

"你既是实验班的，又是平行班的，他们会怎么看你？"

她沉默不语。

"被当成怪物？"

她哈哈一笑："那不至于吧。"

"你只是侥幸进了实验班，实际上水平根本不够，和他们在一起会怎么样？"

"会很有压力吧。"

"那你对中考有什么样的期待？"

"考一个好高中。"这个她倒是一点儿都不含糊。

"你觉得实验班和平行班的同学有什么样的期待呢？"

"都想考一个好点儿的高中吧。"

"你说的压力好像在哪里都存在。"

过了许久，她嘟囔了一句："好像是我把事情想得太坏了。"

我顺势说："有时候，先是想得糟糕，然后事情就真的往糟糕的方向走了。"

话说回来，怎样归因才比较合适，更有积极意义呢？一般来讲，若一个结果是成功的、令人满意的，为了进一步增强自信心，就需要归因于自己本身就具备这样的能力；而当一个结果是失败的、令人失望的，为了进一步增加内疚感，但不打击积极性，就需要归因于自己可以改变的因素，如努力程度。在中国文化中，人在成功的时候倾向于谦虚，往往多归因于运气好之类；但若要真正激励自己，就要看到自己有实力、有能力获得成功的结果。当然，这也要基于客观现实，否则就会陷入盲目的乐观与自大中。

对佳佳来说，中考本身就是人生中一件比较重要的事情，会有一定的心理压力。此刻，若要换一个新环境，她必然会面对更大的挑战。一般来说，人们总是倾向于处在一个令自己有安全感的氛围中。现在其实就是看自己要不要站在一个新的起点。这取决于自己，没有对错。如果不站在一个新的起点，也许就在这么一个相对熟悉而安全的环境中去迎接中考；反之，也许会丰富自己的体验，但可能会面临痛苦和挑战，增加不舒适感。这其实是因人而异的，每个人在中考这样的应激状态下的承受力是不同的，只要在了解自己状态的情况下做出选择，并去迎战中考就好。还有一点要充分认识到，不管做出哪种选择，将来总会有新的环境和挑战需要自己去适应，逐渐增强自信心和适应能力应是必然的选择。

"我留在原来的班级，慢慢地培养这份能力与信心也可以哦！"她眨了眨眼睛。

我知道她心里已经有了答案。后来，和佳佳的班主任聊起，得知她最终还是选择留在原来的班级，放弃进入实验班。

聆听手记

这个案例有点儿棘手，从委托家长的角度来看，若我能顺利说服佳佳遵从家长的意愿进入实验班，这才意味着成功，或者是世俗眼光中成功的心理咨询个案。但心理咨询不是替来访者做决定，而是和他一起探索自我，了解他的需求、动力、现有水平和未来发展方向。在此基础上，由来访者自主做出适合的选择。这和来访者是不是成年人无关。因为如果学生找到了适合的方向，就能触及内心深处的动力，而发现自我是一种非常幸福的体验。

9 "我就想成为第一名"
——如何帮助学生走出学习误区

受朋友之托，在一个周六上午，我准时在心理咨询室静候要做心理咨询的家长与孩子到来。他们晚到了半个小时，家长带着歉意解释迟到的原因，而她女儿手里拿着一本书，非常平静地看着我。我当时的直觉是，女生应该没有严重的心理问题，她稳重的表现反而让焦虑不安的家长显得很慌乱。在征得母女俩同意后，我决定让家长去隔壁休息室等候，我先和女生交谈。

女生很淑女地坐在沙发上，手上仍然拿着那本书，平静地看着我，等待我发问。

"今天很早就起床了吧？"我关心地问。

"路上堵车，所以我们迟到了。"她很不好意思地说。

"堵车迟到很正常。我觉得你们太辛苦了，有什么困惑需要我帮助吗？"我想尽快进入主题。

"我不知道妈妈想解决什么问题。"她很淡定地说。

"今天来做心理咨询，是你妈妈的需求还是你的需求？"我想找到真正想要咨询的来访者。

"妈妈有需求，但她想解决我的问题。"她思路很清晰。

"是什么问题让她这么焦虑？你是否也有困惑需要咨询呢？"我想聚焦当下，让她主动提出问题。

"我的问题是太爱学习了，想把所有时间和精力都放在学习上，这让妈妈感到不安。"她还是淡定地说。

我见过很多学生是因为厌学来做心理咨询的，这是第一次遇到一个酷爱学习的孩子让家长产生焦虑而求助的。

　　"爱学习很好，为什么你妈妈会担心呢？"

　　"因为我想抓紧一切时间学习，学有用的东西，为将来踏入社会打好基础，所以，我成了'宅女'，平时从学校回家后，就关起房门看书，不让任何人打扰，晚上很晚才睡觉。我就是觉得要学的知识太多了，必须抓紧时间。白天在学校都是浪费时间，班上大部分同学都不好好学习，老师讲课也非常慢，我实在受不了。"她显得非常痛苦和无奈。

　　"妈妈知道你的感受吗？"我问。

　　"妈妈知道，但不认同我的做法，认为我太偏执。我们彼此都无法说服对方，所以，想得到您的帮助。"

　　令我高兴的是，她有求助的愿望。一个酷爱学习的女生，本该令大家高兴才是，但现在看来，她自己不开心，她妈妈也不高兴，不知老师怎么看。

　　"你这么爱学习，老师很欣赏你吧？"我想了解她在学校的情况。

　　"老师并不欣赏我，觉得我不合群，没朋友，脸上没笑容。"她冷冷地回答我。

　　是什么原因让一个酷爱学习的女生没有朋友，没有笑容，清高而又冷傲呢？我想找她妈妈了解情况。"我能与你妈妈聊聊吗？"我征求她的意见。

　　"好吧！我可以在隔壁房间看书吗？"她问。

　　我陪她走进心理阅览室，让她在靠窗的椅子上坐下，书架上的心理类图书吸引了她，她认真地翻阅起来。

　　她妈妈进入心理咨询室后，人还未坐定，就迫不及待地问："老师，你看我女儿脑子有问题吗？"

　　"为什么你觉得她脑子有问题？"我带着疑惑问。

　　"我们来做心理咨询的目的是说服她去学校读书。因为她觉得在学校浪费时间，已经一周没去上学了，整天把自己关在房间里看书、做功课，晚上很晚还不睡觉。我担心再这样下去她会出问题的。”

“你女儿是从何时开始对学习变得这样如饥似渴的呢？”我想了解女生行为变化的原因和过程。

“我女儿叫小梅，今年读八年级，从小就是一个特别乖巧、特别要强的好孩子。上幼儿园时，她每周获得的小红花数量总是最多的，如果有其他小朋友超过她，她就因为生气而不吃饭、不睡觉。读小学的时候，学习成绩也是班上第一，如果哪次考试没有得第一，她就把自己关在房间里不出来。进入初中后，想要保持第一非常不容易，为此，她常常废寝忘食地学习，就是不想让别人超过她。现在学校活动很多，除了文化学习，还有体育比赛、书画比赛、唱歌比赛等活动。可她除了学习，真没有什么特长，所以，我知道她的内心是很失落的。”

“小梅跟你谈过她的失落吗？”我问。

“她很少与我们交谈，不去上学的理由是：‘班上同学太吵，影响她学习。老师为了让这些同学能够听懂，进度放得很慢。’她说讨厌同学，讨厌老师，感觉在学校实在待不下去了，要回家自学。”

我又一次把小梅请进了心理咨询室。“你刚才在很认真地看什么书？”我想缓和一下气氛。

“我看了杂志中的一篇文章，说的是‘第十名现象’。”

“哦，说来听听。”我说。

“耐人寻味的‘第十名现象’。第十名前后直至第二十名的学生，在离开学校以后的学习和工作中，出乎意料地表现出色，并成为栋梁型人才。相反，那些当年备受老师宠爱、成绩数一数二的优秀学生，长大后却往往淡出优秀的行列。老师，您觉得这是真的吗？”她紧张而又疑惑地问。

“我觉得有一定道理，因为第十名左右的学生，虽然成绩不是最优秀的，但学习的独立性较强，有很大的潜力。那些在老师、家长督促下，奋力挤进前几名的学生，在兴趣爱好、知识视野、个性发展等方面受到了很大的制约，这束缚了他们的智力和个性发展。为了保住前几名的地位，他们专注读书，同时也失去了人际交往、才艺发展、创新思维等方面的实践探索。"

"既然这样，保持第一还有意义吗？"

"成绩优秀固然好，但人际沟通能力、管理能力、艺术创作能力、动手能力也非常重要。"

"老师，我就想成为第一名。"

"你想成为哪方面的第一名？是学习成绩第一名，还是运动水平第一名？是创新能力第一名，还是综合素质第一名？是社交能力第一名，还是唱歌技能第一名？是动手能力第一名，还是写作水平第一名？是自理能力第一名，还是助人为乐第一名？在我们的生活和学习中存在许多第一名，一个人想要获得所有的第一名是不可能的，但我们可以了解自己的长处，做到扬长避短；了解自己的劣势，做到取长补短。你清楚自己的长处和不足吗？"

她摇着头说："我不清楚。"

"我们来做一个认识自己的游戏。拿一张白纸，竖向对折，左边写出自己的三个优点，右边写出自己的三个缺点。"10 分钟后，小梅交出了答案：

优点：学习认真，好胜心强，遵守纪律。
缺点：没有特长，妒忌心强，没有朋友。

我和她一起从事物的两面性分析：学习认真很好，但未必要废寝忘食；好胜心强不错，但不必非得第一名不可；遵守纪律很乖，但要容忍同学小小的违规行为。培养兴趣和特长，可以发现爱好；欣赏同学的优点，包容同学的缺点，可以减少妒忌；养成热情和善良的个性可以赢得更多的朋友。

"老师，一个人丧失社会功能结果会很严重吗？"她突然问了一个新问题。

"是的。社会功能一般是指这两个方面：学习、工作能力和人际交往能力。一个人没法学习、工作，没法与人交往，那就是标准的社会功能损坏。这样的人，常常只能待在家里，不上学，不工作。课堂是学习的场所，校园是成长的空间。我们要珍惜在校学习的机会，学到更多课本以外的技能。"我既严肃又认真地说。

"我知道了，宅在家里很危险。"她若有所思地说。

心理咨询后的第二天，小梅妈妈打来反馈电话说女儿主动去学校上学了。

聆听手记

一个酷爱学习的女生，因为想学得更好，所以不愿去学校读书，这让家长难以理解。家长的求助目的很明确，说服女儿重返课堂。但在心理咨询的过程中，我发现小梅对学习存在误区，以为学习就是读书，读书就是为了考第一名，把学习狭隘化，从而忽视了学习与人交往的能力，也忽视了培养个人的特长。

通过心理咨询，我让她明白了这样的道理：培养能力比获得分数更重要，优化品质比提高成绩更重要。

10 厌学的男生
——如何帮助学生找到学习的乐趣

在班主任的带领下，七年级男生小林来到了心理咨询室。这个在心理课上经常表现得很积极，侃侃而谈的男生会是班主任口中的厌学生吗？

班主任离开后，小林很自然地打开了话匣子。"我有很多很多的想法，希望能有人听我说说，但一直没有找到。"

"嗯，我试试看能不能成为那个人。你在这里说的，我会替你保密，除非涉及安全。"

他继续自顾自地说："因为没人听，所以这些想法一直盘旋在脑海中。"

"这和你不来上学有关系吗？"

"有。因为我精神不好，晚上睡觉时也想这些，经常到凌晨 2 点左右才入睡，早上起不来，一天都没有精神。"

"晚上睡不好，确实会影响人的精神状态，经常这样吗？"

"有时候实在困了也会早点儿睡。"

我的理解是，这话里既有他没准时来上学的借口，也隐含了问题产生的深层原因。如果找到了原因，便也无须找借口了。"如果你信任我，可以说说都想些什么，希望别人听什么吗？"

他和我滔滔不绝地讲起关于军事的、历史的很多知识，如同往日上课时的意气风发。想到他之前说没人听他说话，我不忍打断。

待他一口气说得差不多后，我问他："你为什么总说'我们这种人'呢？有什么特点吗？"

他毫不犹豫地答："我们这种人没有朋友，难得有志趣相投的。"

依然跨不过青春期的寻常困扰——同伴交往问题。"看来你感觉自己有点儿孤单，没人理解，与同学缺乏共同话题，对吗？"

"差不多，不过和其他人也没什么共同话题。"

"其他人包括哪些呢？"

"爸妈、老师。"

咨询即将结束时，他提出想玩沙盘。待我讲述完沙盘操作方法后，他却迟迟不动手，不停地拨弄沙子，而后把小坦克放在沙子中并将它覆盖。

"这里有什么东西是代表你自己的呢？"

他不作声，把沙子摆成一个小沙堆，说："这是我。"还没等我提问，他又推开沙子，露出方形的蓝色底部，问我："它像什么？"

"你自己觉得呢？"我觉得像什么不重要，重要的是他怎么想。

他毫无表情地说："像棺材。"

用棺材去形容自己，这是怎样的心理状态？内心灰暗，悲观、消极？

不待我发问，他快速地逃走："老师，我走了，下周这个时间再来。"很显然，此刻他想回避我的提问。听小林的班主任说起，小林的爸爸住院了，或许这个应激事件诱发了他的厌学行为。

一周后，小林如约来到心理咨询室，这次我们试着梳理他的状态。一方面，这与家庭背景有关。小林的爸爸是计算机工程师，妈妈是土木工程师，都不善于表达，令进入青春期的小林因沟通不畅而觉得不被爸妈理解。最主要的是，爸爸生病住院，妈妈既要工作又要照顾爸爸，无暇照顾他，这加剧了他不被理解的压抑感。另一方面，小林的自我认同受到了挑战，他主要是纠结于自己要不要按爸妈、老师期望的那样去做，对有兴趣和没兴趣的事情该怎么处理或者平衡。

我说："我能够感受到你内心的矛盾。"

他愣愣地看着我。

"你其实并没有因为知识面广而充满自信，反而因为成绩不如意饱受同学冷落，内心有一种深深的失落感，所以有点儿不知所措。"我说。

他低下头，不作声。

"不过，这种失落感能够促使你思考如何平衡学习和自己的兴趣，这叫自我规划的萌芽。"

"嗯，本质上，我对自己缺乏信心吧。"

"现在就来说说，该如何从行动上提升自信。"

"我还是幸运的，因为至少已经开始去设想自己的未来，总比活到一定岁数还不知道自己要做什么的人幸福。"

"别人不想听你说你感兴趣的东西，是因为他们只关心学习。你感兴趣的，别人一定会感兴趣吗？"

"可能他们有自己感兴趣的东西。我们关注的点不一样，但不等于我关注的东西没价值。"他回答。

在接受心理辅导期间，小林仍有周一不来学校的情况，基于之前建立的良好关系，我打算直接和他聊聊学习的事情。"上周的状态怎么样？那种不被人理解、没人听的感受还很强烈吗？"

"还好。"

"如果 10 分代表很强烈，0 分代表没有，你打多少分？"

"5 分吧，比以前好一些，不会动不动就感觉很差。"

"那就好。不过，听说你周一的时候没到学校？"

"嗯。"他轻声地回答。

"能和我说说有什么困难吗？"

"没把作业全部做完，哪怕只有一点儿没做完，也不想来学校。"

"是因为老师布置的作业多吗？"

"原因有很多。比如，我要去医院看爸爸，帮爸爸做康复训练。我要看看自己感兴趣的东西。有时候和妈妈闹矛盾，然后做作业的时间就不够了。"

看来他确实承载了这个年龄段不容易承载的东西：爸爸突然生病的应激事件，他和妈妈发生冲突，学习和兴趣的冲突，还有同伴交往中的困扰（虽然已有意识地在改善）。"听上去好像都是不得不做的事情！"我感叹道。

"是的。妈妈让我不要去看爸爸，不要看那些我感兴趣的书，要做作业，但我宁愿去看爸爸，看我喜欢的书。"

"我能感觉到你的无可奈何，这可能就是你要去学会面对的现实吧。"

"理论上我是知道的，行动上就是做不到。"

"知易行难，可能你还没有下定某些决心？"

"某些决心？"

"是的。我在上心理拓展课的时候和一些学霸探讨学习的话题，他们中也有人充满怨言却又无可奈何。"

"真的吗？"他面露兴奋又有点儿怀疑。

"当然了。你和他们的区别在于，你用不来上课、不做作业的方式表达你的不满。而他们虽然未必对所学科目有兴趣，但依然不遗余力，甚至顶着压力去学。"

"我没有像他们那样不遗余力。"

"那怎么办呢？"

他沉默了许久，说："之前可能是事情太多，现在我知道要怎么做了。"

聆听手记

厌学的学生实际上是自我认同出现了危机，加上家庭中的应激事件进一步诱发了他的不适表现。小林就通过不做作业、不准时到校的方式去表现内心的不确定。所以，在咨询过程中，我主要是帮助他初步实现对自我的认同，然后让他看到同龄人遇到学习问题时的真实心境及选择，让他接纳学习压力的现状并积极应对。

治理厌学要从寻找厌学原因开始，要鼓励学生找到学习的乐趣，在乐学的基础上感受学习的自信和成就感。

11 逃课女生背后的故事
—— 如何引导学生树立学习信心

迎接校庆时，我收到了毕业生小旻的信。这封信让我的思绪回到了那天，一位略显疲惫的父亲敲响了心理咨询室的门。

他焦急而又无奈地与我说起他令人头疼的女儿。她叫小旻，上九年级，从开学初就逃课，中间稍微好了两个月，但最近老毛病又犯了，再次逃课，家长对她束手无策，所以向我求助。我建议他让小旻直接来找我。

据小旻父亲说，小旻十分不情愿，但最终还是硬着头皮来到心理咨询室。也许是想应付一下家长，也许真有试图改变的意愿。她给我的第一印象是：留着与众不同、非常有个性的发型。从她与我交流时的眼神来看，她有些自负掩盖下的自卑。

对小旻的心理辅导需要从消除她的戒备心入手。我话锋一转："你能说说自己有什么爱好吗？"

她虽然觉得这个问题有点儿唐突，但似乎还是来了点儿精神，略带兴奋地告诉我，很喜欢一个女子演唱组合。她经过组织和努力，建立了那个组合的粉丝会，和其他粉丝一起策划、参与该组合的各类活动。她平时还喜欢喷香水，使用知名品牌。这是一个赶时髦的孩子。这进一步证明她缺乏自信，会通过外在附加的噱头来增色。现在我懂了，她这个性夸张的发型意味着她与众不同。

"你爸妈会给你买这么贵的东西吗？"

"你说的是哪个妈？"

我这才知道小旻的爸妈在她很小的时候就离婚了，一直是其他人在照顾她的生活，有时是爷爷、奶奶，有时是叔叔或者叔叔的同事。直到最近，她才和爸爸、继母生活在一起，家里还住着姐姐（继母的女儿）和姐夫。

真的很难想象，这么小的孩子就经历了这样的生活动荡，照顾她的人经常更换。她几乎没有一个固定的、可以依恋并信赖的人。也许，正是这样才造成了她内心的不安全感和自卑感。她进入青春期后，在外在表现上是如此逆反和富有个性。

我很想知道小旻的亲生母亲在这段时间里是怎样对待她的。小旻说家里人都说她亲生母亲不好，基本没怎么接触，所以没有任何印象和感觉。小旻对亲生母亲的这种漠然态度是一种自我保护的防御机制吗？也许是想爱却不能爱亲生母亲——已经接受了家人对亲生母亲的一部分负面评价，对亲生母亲有了一些成见或偏见；也许是想爱却不敢爱亲生母亲——碍于家人对亲生母亲的态度，不敢表达内心深处对亲生母亲的思念与爱意。其实，爱自己的亲生母亲没有错，人要直面自己内心的感受。

小旻的回答证实了我的猜测。她告诉我，回到家之后，有时候和叔叔、姐夫还能聊得来。她独处时，总是胡思乱想。比如，说什么或者做什么，别人会高兴还是不高兴。不过，好在和粉丝会的几个朋友很谈得来，和他们在一起的时候，可以聊聊共同感兴趣的话题，感觉很轻松。看来叔叔、姐夫和粉丝会的朋友是她信赖的支持力量。

当我希望她和我进一步交流小时候的事情时，她很干脆地回答："不太记得了。"

虽然这能帮助她梳理自己的心理状态，但显然她选择用遗忘来保护自己。"听你爸爸说，最近你总说身体不好，所以在家休息。看过医生了吗？医生怎么说？"

"看过，医生也说不出原因。"

"好像上学期也有过类似的情况，感觉一样吗？"

"嗯。"

"这学期开学的第一个月，你能正常在学校学习、生活，这是怎么做到的呢？"

"都上九年级了，我告诉自己要努力些了。"

"很好，但最近是不是发生了什么特别的事情影响了你，使你的身体又不舒服了？"

小旻沉默了许久，说："我比较懒，记忆力不好，背书比较费劲。语文老师知道我背不出来，就找了个女生盯我背书，可是这个女生是我们粉丝会的。"

"居然有一位粉丝会成员成了监督你的人，让你感觉没面子了？"

"嗯。"

"所以，你想躲着她？"

"惹不起总躲得起。我身体不好，不来上课，大家就可以放过我了吧！"

"你喜欢的这个组合从一开始就红遍大江南北，被你们喜欢吗？"

"不是。她们曾经受到很多质疑。"

"当她们遭受质疑的时候，她们选择躲回自己家了吗？如果躲回家了，现在还能大红大紫，让你们自发成立粉丝会吗？"

"我懂了。可是我该怎么办呢？"

实际上，小旻刚刚说到自己懒、记忆力差并不是学习不好的根本原因，最根本的原因在于她对学习没有信心，没有兴趣，没有动力。

我再次约见了小旻的爸爸，向他说明小旻目前表现的心理原因，要他们尽可能地理解她，耐心地对待她。"你们对她有怎样的期望？"

"希望她考上高中，实在不行读中专。"小旻的爸爸不是很有信心地说。

"按她目前的水平，你觉得她能够考上高中吗？"

"不能。"

"那么中专呢？"

"考上中专对她来说也不轻松，需要再努力一把才行。"

"如果是这样的话，我们要认清这个现实。目前已经是九年级了，针对她的学业水平，若一味地提高要求只会让她觉得达成目标无望而干脆放弃。"

我建议全家人一起商量。首先，调整期望值，不强求她上高中，确定一个经过努力可以达到的目标。其次，找她信任的人，比如，叔叔和姐夫等，听她说说心里话，避免她陷入无法自拔的负性情绪里。最后，周围的人要发掘她学习以外的能力，帮她树立学习信心，发现生活乐趣，积极面对现实生活。

还有一点，我向小旻的爸爸提出建议，不管他与前妻有何不愉快甚至伤心的经历，但对小旻来说，他们夫妻是和她有血缘关系的亲人。他们对她的爱，其他人永远无法替代。她有权接受来自父亲和母亲的爱，相信他们的爱是她成长中最好的保护与支持。

中考结束后，小旻考上了一所中专，给我寄了那封信。

聆听手记

小旻动荡的成长环境造成了她自卑的性格，因此她通过各种个性的表现去掩饰，这在一定程度上影响了学业发展。在小旻复杂的家庭关系中，她的叔叔与姐夫是她愿意信任的人。在她爸爸愿意为她做出改变，尝试去理解她后，这就建立了一个有利于小旻成长的支持系统。最后，她找准了努力的目标，激发出学习的自信，重获亲人关爱。经过努力她终于改正了装病、逃学的不良行为，取得了成功。

第2辑
学生成长烦恼背后的心理密码

　　初中阶段正值青春期，学生的心理和生理都达到了一个快速发展的状态，各类矛盾心理应运而生，表现为成长的烦恼，核心问题在于初中生既希望独立，又有依赖心理。为此，他们在看待自己的过程中容易在自负和自卑两个极端游走，在与人相处的过程中容易患得患失，情绪出现起伏。在行为习惯养成方面，他们存在畏难、以自我为中心等问题。老师和家长大体上抱着顺势而为的态度，注意引导方法，学生的成长烦恼大多是能够迎刃而解的，只是在这个过程中，需要家长和老师给予理解、包容与耐心。

1 偷吃蓝莓的男生
——如何引导缺少父母关爱的学生

这天，我应邀为某区中学生开展为期一天的"快乐成长"浸润式心理活动。这次培训活动一共有 20 名初二学生参加，其中男生 10 名，女生 10 名，来自 5 所不同的学校。

下午培训的第一个活动是"水果拼盘"。主持人在活动前向大家说明活动规则，整个活动分为三个环节。

第一环节：

（1）男女自由组队，每 5 人为一组。
（2）各组自荐或推荐组长一名。
（3）组长带领组员进入隔壁活动室按号入座。

第二环节：

（1）各组成员合作制作两个水果拼盘。
（2）给制作完成的水果拼盘取名并放到展示台上。

第三环节：

（1）各组选派一名组员上台介绍水果拼盘的制作过程与寓意。
（2）各组再派出一名组员做助手，协助展示。

（3）在各组展示的基础上，大家评选优秀作品。

学生有条不紊地完成了第一环节，我看大家都按号坐下了，正准备进行第二环节时，忽然看见男生小奇把盘中的蓝莓放进了自己口中。我立刻制止他的行为，严肃地说："这是小组活动的道具，你怎么可以随便吃？一组只有五颗蓝莓，你吃掉了一颗，小组活动就会受影响。"

"老师，我已经吃了两颗了。"他诚实地回答。

"老师刚才宣布的游戏规则你听了吗？如果再吃一颗，我就立马让你离开小组。"我有点儿生气地说。

我的话刚说完，所有学生齐刷刷地看着偷吃蓝莓的小奇，他的手放在嘴里来不及拿出，尴尬地看着我。

看着既让人生气又可怜的小奇，我立刻示意学生进入第二环节。此刻我意识到，对偷吃蓝莓的小奇，需要给他一点儿思考的时间，再找机会了解一下他的真实想法。

我假装忘掉了刚才发生的事，神情自然地在各个组之间巡视和指导，用眼睛的余光观察小奇的表现。我发现他刚开始有些尴尬，随后渐渐地放松，全心投入小组制作中。15分钟后各小组成员把完成的作品放上了展示台。4个小组8件作品，还真让人眼前一亮，我暗暗佩服学生的想象力和创造力。

活动进入第三环节，各小组派代表上台介绍自己组的作品。我看见小奇是第一个举手要求发言的。他渴望发言的眼神打动了我，他表现出的是认真和执着，我们用热烈的掌声把他请上了台。他向大家介绍了小组作品《牵着蜗牛去散步》。他说："这是由我主导创作的作品。"我们看到蜗牛的头上用牙签插着圆圆的蓝莓，成为可爱的眼睛，非常有设计感。学生由衷地为他鼓掌。最后，小奇轻轻地说了一句"对不起"，并向大家鞠躬致歉。

一天的培训活动结束了，其他同学满怀欣喜地回家了。我主动来到小奇身边，希望与他聊聊今天的事。

"你能告诉我这个作品的创作思路吗？"我问。

"我原来读过一篇文章《牵一只蜗牛去散步》。我感觉自己就是一只小蜗牛，常常被老师催着：快、快、快；被父母拉扯着：'你真笨。'通过今天的作品，我想告诉大家，要理解蜗牛，它可能真的已经尽力了，但它还是会努力向前爬的。"他非常认真地说。

我的内心被触动了，把自己比作蜗牛的小奇，可能真的有努力的心思，但缺少行动。

"老师想知道，你是不是很爱吃蓝莓？"我小心翼翼地问。

"嗯。小时候在老家没有见过蓝莓。小学五年级那年暑假，爸妈第一次带我到他们的打工地点，我在水果超市见到了这种水果，很好奇，很想尝尝是什么味道的。妈妈说：'这叫蓝莓，挺贵的，我们就买点儿其他水果吧。'我一直有个想法，挺贵的蓝莓一定非常好吃。去年我跟随父母来上海读书，心里还是忘不了蓝莓。有一次我生病了，妈妈问我想吃什么，我脱口而出：'想吃蓝莓。'妈妈就给我买了一些蓝莓尝尝，还是说了一句'挺贵的'。我终于吃到了心心念念的蓝莓，真的很好吃。今天我看到盘里的蓝莓，禁不住伸手拿了一颗放进嘴里，忍不住又拿了一颗，被您发现了。我当时非常后悔，为什么别人不拿就我拿着吃了呢？老师，对不起，我不是故意的。"他愧疚地说。

此刻，我真想对他说不怪他，但希望他能理解老师当时严肃批评的言行。因为在集体活动中，每个人都需要遵守规则，不能出于个人原因而随意破坏规则。

"小奇，老师严肃批评你时，你是怎么想的？恨老师吗？"我问。

小奇摇摇头，平静地说："我不恨老师，只恨父母为什么让我生活在一个贫穷的家里。"

我吃惊地问："你真的恨你父母吗？你认为他们没有给你快乐？"

小奇紧抿着嘴不回答，算是默认吧。

"小奇，今天没有时间与你继续深谈，有机会我们可以一起来探讨一下你与父母的关系。但今天回家后，你不妨问问他们，你在他们心中的位置。一般来说，父母爱自己的孩子，每个孩子无法选择自己的父母。孩子的快乐不仅来自富裕的生活，也来自精神的关爱。"也许小奇此刻还不能理解我说的这些话，但我希望他能够快乐长大。

聆听手记

　　留守儿童长期缺乏父母关爱，容易产生沮丧、孤独、焦虑等不稳定的情绪，这会影响他们的正常学习和生活。他们对外界十分敏感，因为缺少父母的言传身教，在思想认识及价值观念上可能会出现偏差。由于自卑和错误的价值观，他们把得不到亲情的原因归结于社会和金钱，在心理上有失衡的倾向。因为心理上的落差，他们觉得家境不如别人，自己的父母不如别人的父母，没有其他孩子讨人喜欢，进而沉默寡言，封闭自己，在人际交往方面可能会出现一些状况。

　　本案例中的小奇有诚实的品质，但也有自卑、失衡的倾向，虽然我们还不知道其父母的教养方式，但孩子恨父母，是值得我们认真思考的重要问题。留守儿童的心理问题真的需要引起家长与社会的广泛关注。

2 被迫住校的女生
—— 如何用代币法培养学生的好习惯

这天，学生小莺的班主任找到我，生气地对我说："您能不能和我们班的小莺谈一谈？开学才一个多月，她已经把班级弄得乱七八糟了。她一点儿规矩都没有，平时住宿在校，生活辅导老师隔三岔五投诉她的卫生、纪律等问题。她平时写作业都是马虎应付，凭着小聪明和'吃老本'，考试成绩还不算太差……"班主任给出这么多负面评价，可见小莺是一个令人头疼的学生。

小莺在班主任的要求下来到了心理咨询室。她一头短发，穿着一身短袖校服，看上去干净利落。我试着从了解她的情况开始与她建立良好关系。这显然需要一个过程，刚开始她只是被动地回答几个字。

"现在很多女生留长发，你为什么不留？"我问。

"我不喜欢。"她答。

"有什么特别的原因吗？"

"就是不喜欢，不喜欢留长发，不喜欢穿裙子。"

"你是说不喜欢女孩子的打扮吗？"

"差不多。"

"你是家里的独生女吗？"

"是的。"

为了让她尽可能不排斥我，我打算先澄清："你觉得班主任为什么让你来心理咨询室呢？"

"我的表现不好。"

"听说你是住宿生，你家离学校很远吗？"

"也不远。但我妈说住宿可以锻炼我的独立能力。"

"看来你妈对你要求挺高的！"

"嗯。她平时还让我练琵琶、学书法。"看来小莺不喜欢这些，她是在有意或无意地和妈妈对抗吗？我心中冒出了这个问题。

我从小莺的亲朋那里又了解到这样一些重要信息：小莺的父母忙于工作，她一直被寄养在亲戚家中，直到小学才回到父母身边。在父母的管教下，她言行举止还可以，但升入中学住校后，很多方面的问题就暴露出来了。

从小莺的言行来看，她有明显的"矛盾型依恋"表现。当母亲离开时，她会脾气暴躁、哭闹，寻求母亲的怀抱；而当母亲亲近她时，她又会不耐烦地推开母亲。这样的孩子对母亲的依恋，被称为矛盾型依恋。小莺既想亲近母亲，又拒绝、对抗母亲。为了不住校，她有意无意地表现不好，这样才能回到父母身边。但在母亲身边时，她又不愿意表现得顺从。追根溯源，她没有对父母形成安全的依恋关系。

在征求了小莺的意见后，我和她妈妈在电话里做了沟通，可能她妈妈也意识到了这个问题，答应和她爸爸平时多与她进行情感交流，不苛求她住校。在小莺的班主任和我的努力下，小莺的父母最终决定不让她住校，新的家庭互动模式开启了，而小莺在其他方面还有很大的提升空间。

班主任根据班级情况制定了"雏鹰争章"条例。小莺想要争章，这是很好的契机，我要想办法帮她。

我和小莺共同分析"雏鹰争章"的具体规定，看哪几条她已经做到了，并超越了班级同学的平均水平，以增强她的信心；哪几条是她有待提高的，并梳理了几个亟待提升的方面——上课不能专心听讲，说与上课内容无关的话，作业不能独立完成并及时上交，值日时不认真。我打算使用代币治疗法帮助小莺。这是用象征钱币、奖状、奖品等标记物作为奖励手段来强化良好行为的一种行为治疗方法，可以更好地维系小莺的内动力。我们一起商量了改善以上几个方面的问题后希望获得的物品。比如，吃一个汉堡，代币值为 10；看 30 分钟电视，代币值为 15；周日和父母出去玩半天，代币值为 100；假期和父母一起旅行，代币值为 500；等等。确认好后，就建立了代币交换系统：如上课不分心，代币值为 3；上课不插话，代币值为 5；等等。这个代币由小莺的班主任每天放学后发给她，以便随时督促、鼓励她。

但在此期间，仍然有一些令人不太满意的情况出现。她颇为无奈地对我说："我的记性很差。奇怪的是，我可以记住 10 年前的事情，但会把昨天的事情忘记。比如，忘记写作业。"

"实际上，不是单纯的记忆力问题，因为事情多会出现遗忘是很正常的。"

她听了感到意外："真的吗？"

"进入中学后，作业量和难度必然增加，你可能要有一个接受的过程。但有时候遗忘不是真正的遗忘，而是不喜欢、不想做的结果。"

她不好意思地笑笑。

我们共同约定，准备一个小本子，可以自由装饰，但要记下每天的任务，完成后打钩，放入书包。一周之后，她把记录本带来了，一周中只有一天的事情未做记录，我为她的进步感到高兴。我们把这项任务也加入了获得代币的奖励中，这是让她及时上交作业的辅助手段。

随着小莺的表现越来越好，我对她提出延长获得代币时间的要求，班主任依然每天会对她的行为进行点评和鼓励，但获得代币时间延长为每隔三天兑换一次，这种做法能慢慢地让小莺学着自我监督。

小莺同意了并悄悄地告诉我："爸妈一直都很忙，这次要通过我自己的努力争取和他们一起旅行，让他们也放松放松。"她变得懂事了。

在这个目标的引导下，小莺逐渐有意识地克制自己，上课时不遵守纪律的情况逐渐改善；作业丢三落四、不及时完成的情况也逐渐减少……小莺父母的承诺、老师的及时鼓励都成了小莺成长的助力。她终于凭自己的努力获得了 500 代币，圆了和父母一起旅行的梦想。

在我撤销代币机制时，小莺奇怪地说："我怎么觉得这些做法都很自然而然呢!"我笑了。当我们习惯了好的做法时,它便自然成为行为上的好习惯了。

聆听手记

家长通过让孩子住校的方式培养孩子的独立能力,这个出发点本来是无可厚非的,只是具体情况要因人而异。小莺这类学生,从小与父母分离,缺失安全依恋,特别需要谨慎对待。因为住校不仅会影响学生养成良好的习惯,更会让学生在人际交往中出现不适,而这对青春期的少男少女来说负面影响可能更大。

青春期是人格形成的关键期,因此,家长一方面要根据自己家庭的实际情况选择孩子是否住校,另一方面要多关心孩子,多与孩子进行情感交流,让孩子体会到温暖,而这也能促使孩子不知不觉地优化甚至改变依恋模式。

塑造良好的行为习惯,对青春期的孩子来说,代币法是一个不错的选择,不过要注意选择合适的强化物。像小莺,和父母一起旅行成了她坚持好行为的强化物。合适的强化物需要老师、孩子和家长一起去用心发现。

3 "窝里横"的女生
—— 如何引导"外弱内强"的学生

这天，一位面容憔悴的少女走进心理咨询室。她没有这个年纪的孩子该有的无忧无虑和怡然自得的模样，她的爸妈焦躁不安。

这家人究竟因何事如此困扰呢？还没等女生开口，她妈妈就迫不及待地告诉我，女生叫天天，念初二，从本学期开始，情绪变得十分低落并伴有紧张感，还出现了睡眠问题，如入睡困难，易醒，手脚易出汗，记忆力不太好。曾去医院的精神科寻求过药物治疗，但由于没有显著效果而变得更加焦虑。另外，天天在外人面前表现得像乖乖女，但在爸妈面前则是个小霸王。最令他们烦恼的还是天天的情绪问题。

从天天妈妈表述的情况来看，天天出现了明显的轻度心境低落，认知功能损害，躯体上出现不良症状，这些是抑郁障碍的表现，结合药物治疗是必需的。但事实确实如此吗？

我问天天："你妈妈讲的情况属实吗？"

她看了一眼妈妈，微微地点头。还没等我继续问，她妈妈又焦急地说："我们家条件还不错，考虑到她的学习压力，打算送她出国。"

我感受到了压力，悄悄地看了天天一眼。果然，她不自觉地调整了一下姿势。她爸爸依然不言语。

我问："可能你们觉得创造了这么好的条件，而天天怎么还不好好珍惜，反而出现了各种各样的问题，是吧？"天天妈妈马上否认。

"天天出现情绪问题必然是很多原因共同作用的结果，也许那么多的好条件也是原因。"我说。她妈妈愣了。

"我们先来听听天天怎么说吧。为什么从本学期开始出现情绪低落呢？有什么特别的事情发生吗？"

"因为打算送她出国，我们希望她早做准备，帮她联系了一个公司实习。"

"实习有什么感受呢？天天你来说说吧。"我把话语权交给她。

她妈妈似乎很强势，会不会这也是原因之一，我心想。

"那个公司工作效率很高，节奏很快，我觉得压力很大。我与同事相比差距好大！我觉得对不起爸妈。"她说。

多乖巧的女生，看来还是家庭教育中父母的期望值在起干扰作用。"平时爸妈对你有怎样的要求？"

"他们很重视提高我的做事效率，培养我的行为习惯，但一直以来对我的表现都不满意。我没办法做到有条不紊。"

我能感受到她的内疚，也许这就是她情绪低落的导火索。她妈妈说她平时在外人面前表现得像个乖乖女，但在爸妈面前则是个小霸王，这又怎么理解呢？我需要了解一下这个家庭关系中的动力模式。

"你们在家是不是经常批评她？"我问她的父母。

她妈妈又快速地把话题接过去："也不能说经常，只是她有的时候做事确实没有效率。比如，房间里的东西总摆得乱七八糟。洗个澡吧，要花一小时，做事拖沓，不能按时睡觉，等等。其实都是小事，但她就是做不好。一说她就甩脸色给我们看。"

"现在还会甩脸色吗？"我问。

"很少，就是不搭理我，一副闷闷不乐、伤心难过的样子。"

"天天到了青春期，对你们的管教不自觉地产生了逆反和抵触情绪，所以，对你们的态度比较生硬。你们长期以来的批评已经令她从内心充分接纳了对自己的否定意见，而实习的经历又让她产生了危机感，觉得自己与同事相比差距太大。在如此大的压力下，她便产生了紧张、焦虑的情绪体验。"

"好像是这样的。"天天比较认同我的分析。

"天天真的像你说的那样，一点儿条理和效率都没有吗？"我问。

"也不是，很多情况下她做得还可以，就是希望她做得更好。"她妈妈说。

天天流下了眼泪，不言语。她爸爸在整个咨询过程中都没有回应。

第二次心理咨询时，我开门见山地和天天爸爸交流了我从观察中得出的看法。她爸爸很坦诚地表示，因为他总是担心妻子会将消极情绪转移到自己身上，从而刻意逃避自己作为一个父亲、一个丈夫该担负的责任。

一幅家庭关系图慢慢清晰。我说："尽管母女的冲突很厉害，其实是母女纠缠在一起，都与父亲疏离。"他们若有所思，答应花更多时间沟通，同时给予天天更多独立成长的空间。

我建议他们放手让天天完成具体的任务，少一些指责，多一些肯定，鼓励她用实际行动证实她的改变能力，并发挥已有的能力。

第三次心理咨询时，天天和我吐露了情绪低落的另一个原因。"我感觉学校没有了过去的温馨氛围，知心朋友好少，与几个好友的默契度似乎越来越低。在学校里，我从来不会对其他人的意见提出异议，有时心情不好也不敢说出来，怕被朋友或同学看成精神病，所以在人前我总是乖乖女的形象，但这种感觉让我很不开心。"

"觉得有点儿委屈，有点儿孤独，对吧？其实，这是你的自我意识开始觉醒的结果。我们一起分析矛盾心理产生的原因吧。"

青春期的孩子渴望友谊，但对友谊的体验更趋向于内心的情感交流，昔日的玩伴如今可能各怀成长心事，因此感觉往昔的朋友似乎在远离自己，内心的孤独感慢慢地占据了整个心房。由于害怕孤独，渴望有知心朋友，从而特别在乎别人对自己的看法，不愿暴露自己不好的一面，希望自己展现的一面都是被人喜欢的。而这样做可能会让人觉得自己总是无条件顺从他人的意愿，这又令自我意识渐强的自己难以接受。

"我们来找找你的核心认知吧。"我说。天天好奇地看着我。

"其实，你不愿意对其他同学提出异议，但内心又是怎样想的呢？"

"我不希望他们因为觉得我不一样而排斥我。"

"也就是说，你希望被同学喜欢，被朋友簇拥，很在意别人对自己的看法，这其实可以理解。"

事实上，天天是将自身价值建立在别人对自己是否接纳和肯定上了。也就是说，她认为，只有当自己有朋友，才说明自己是有价值的人；只有得到朋友的认可，自己才是有能力的人。而很多时候，自身的价值和能力不会因他人的态度而改变。重要的是，要学会并敢于表达自己的想法。

"当然，背后深层的原因可能还在于你对自己的否认。因为习惯了他们尤其是你妈妈对你的挑剔，尽管你在他们面前表现得异常暴躁，其实这是你内心虚弱的体现。你找不到自己的优点和长处，只能用这种方式作为防御。"

"可能是这样的，那我该怎么办呢？"

"听说过暗示吗？暗示有积极暗示和消极暗示，你做的事情属于？"

"消极暗示吧。"

"我们可以试试每天发现自己的优点并写下来，把这个任务放到睡前，用一个具体的例子来说明。"

基于天天目前的情绪状态，除了使用药物治疗外，身体也需要调整。经过协商，她决定把周末跳舞、日常跑步作为放松形式。在与同学的交往中，她尝试主动表达自己的想法。渐渐地，她的各种躯体不良症状慢慢消退，一切都在好转。

 聆听手记

在本案例中，心理老师首先发掘家长资源，使家长成为支持力量，让家长的关爱成为天天面对挫折的勇气和信心而非阻力，继而帮助天天树立正确的自我认知。其次，改变其固有的应对方式，使用了一定的药物治疗，做了放松训练。经过三个月的调适，天天渐渐地恢复了青春的明媚，找到了自己。因此，家长一定要正视孩子的情绪状态，配合医生，及时、正确地处理孩子的心理问题。

4 缺乏安全感的男生
——如何引导学生面对父母离异

这天上完第二节心理课后，一个小男生紧跟在我身后，说有事找我。我还要上第三节课，就征求他意见，是在办公室里说还是出去边走边说。

他想了想，问："老师，您怕冷吗？不怕冷的话就到外面。"

就冲这句话，他就给我留下了深刻的印象：真是特别体贴、细致的男生。不过，接触后才发现，他特别缺乏安全感。

他叫小郎，七年级学生。问他找我的理由，小郎一会儿说怕老师孤单，来聊聊天；一会儿说因为无聊，想找个人说说话；一会儿又说这个时间段来，可以逃避课间跑步；最后才说，其实他也说不清楚理由。

我相信他其实有自己的想法，但是缺乏安全感，所以即便是主动来找我，也要兜点儿圈子，没有勇气开门见山，因此才会做各种试探。这种试探贯穿心理咨询的整个过程。

他说去过一些咨询机构，和妈妈一起做了沙盘游戏。咨询老师说他看问题比较阴暗。比如说，妈妈放房子的模具，他就放坦克的模具。

我并不想把这样的表现界定为一种人格特质，而是就事论事，大胆地揣测："你是故意跟你妈对着干的吧？你觉得不跟你妈作对，她就不关心你，是吗？"

"妈妈心脏不好，平时就在沙发上躺着……"他承认了作对的深层心理原因是想获得妈妈的关心，"爸爸不在上海，在外地开公司，几乎不回来。"

"所以你一方面希望妈妈关心自己，另一方面又埋怨妈妈没能让爸爸经常回家。因此，对妈妈的态度比较矛盾？"

这个时候，小郎岔开话题了："老师，下周学校狂欢节，您会表演什么节目？"

我把话题拉回来，想让他不要回避："我们在谈你对父母的感觉。"

他平静地说："因为我容易分心，咨询机构的老师也说到这个了，让我静心，但我静不下心。"

他一方面给自己贴各种标签，另一方面又回避一些深入的话题，这背后一定是有原因的。而我需要慢一点儿，再耐心一点儿与他沟通。

慢慢地，我对小郎家里的情况有了一些了解。他两岁的时候，一家人来到上海，爸爸开过饭店，亏损后回了老家，目前只有他和妈妈在上海。因妈妈工作忙碌，平时他只能和狗说说话。我很好奇，他爸爸怎么回了老家就一去不返呢？因为小郎缺乏安全感，我需要先放一放这份好奇心，等待一个合适的时机，或者等他慢慢放下戒备心愿意提及的时候再问。

既然他和妈妈生活在一起，那妈妈是一个什么样的人呢？我让他试着用打比方的方式去表述。这对他而言，可能更具象而容易些。

"手机和瓜子。她心情不好的时候，就会这样看手机，嗑瓜子。"没有思考太久，小郎就脱口而出，也可以看得出来，他其实能够很敏锐地捕捉到妈妈情绪方面的变化。这就是孩子令人心疼的地方，大人总觉得孩子什么都不懂，但孩子分明能够精准地察觉到大人的感受。

"还有她像汽车，因为是急性子。和我正好相反，我是又慢又懒。"他吐了吐舌头。

很多着急的妈妈却有慢半拍的孩子。事实上，有的孩子在家长的催促下会越来越强化迟缓的特点。而这样的一些判断很容易让孩子形成固定的自我认知。所以，我的目标一方面是慢慢让他建立对我的信任感，修复他部分的安全感，另一方面是提升他的一些自我评价。

于是，我和他做了一个游戏，扔硬币猜正反面。我顺势说："猜对了就信任我呗，老天让你信任我。"

小郎笑笑，接受了这样的理由："妈妈出差了，我自己睡，睡不着，就一直看电视,看到眼睛睁不开了才睡觉。"

我惊讶极了,13 岁的男生一个人在家,肯定会害怕,只好去转移他的注意力:"经常这样吗?"

"差不多吧。有时候我们通过手机交流,但有时候我不想和妈妈说话了,就让摄像头对着我,让妈妈看看我就好了。"

"真的不想和妈妈说话吗?"我想让他澄清当下的感受。

他想了一会儿,说:"其实,妈妈每次出发的航班我都会查得清清楚楚。比如,多长时间能到目的地,延误了没有。"他是特别关心妈妈的,内心也必然是充满依赖的,只是不想表达出来,不想让妈妈感受到这份依赖。他只能用假装不理妈妈的方式,让妈妈专心去做自己的事情。多么体贴的孩子啊!

"吃饭怎么解决?"

"自己做,我爸爸是大厨,我当然会做,也可以在学校里吃。"

"特别独立,不过是被动独立。"我又发掘了他的一大特点。

他问:"老师您呢?"

我说:"让我想想,好像也是被动独立。"

我一方面想让他看到被自己忽略的特质以增强信心,另一方面希望他明白,有不少人也是被动独立成长起来的,虽然这条成长道路有点儿艰辛,但也可期。盘在我心头的问题是:"妈妈出差,爸爸不回来帮忙吗?"

在谈论一些事情的时候,小郎总会东拉西扯,习惯性避重就轻。比如,其实他很看重班主任的看法,但他表现得无所谓;他很在意妈妈,但表现得疏远。就像他虽然特别关心妈妈,会查她的航班信息,但在和她视频聊天的时候,又故意表现得很忙碌。这是很典型的回避型依恋。再次证明了我对他的判断——缺乏安全感。

"你在回避什么?"我开始挑战他。

他有一点点儿错愕,仿佛被我洞察一般,没头没尾地回答我:"想改变家里的状况……爸爸这边我是老大,感觉压力大……您对离婚怎么看?"

他心里藏着很多事，我让他试着画自己的生命历程图，这是相对安全的方法，既能让他适度打开心扉，又能理清他的一些状况。

原来，在小郎很小的时候，爸爸因为开饭店亏钱，执意要回老家做生意，妈妈不同意，但阻止不了爸爸离去。他一开始有点儿蒙，不明白爸爸怎么不回家了。直到前两年听奶奶说爸爸和妈妈离婚了，他还是不愿意相信。

"你之前怎么不和我说他们离婚的事情？"

"您觉得呢？您觉得我很好说吗？"

"我现在也不知道怎么办了。"我故意说。

"您还是心理老师呢！"

"我觉得无能为力，但你信任我，和我说了这个事，而我居然不知道怎么办了。你是不是在知道这个情况后也觉得特别无能为力，觉得自己特别差劲，什么事都做不了？"

"嗯，差不多吧。曾经我以为只要学习好了，爸爸就能回来，后来发现没用。现在觉得我还是自己学吧，就死命地背，我的语文成绩在班级处于中等水平，英语成绩在班级处于中等偏下水平。"

"你埋怨你爸爸吗？"

"不埋怨。他在上海没有工作，赚不到钱也没办法。"

"你埋怨你妈妈吗？"

"不埋怨。也不是她主动要这样的。"

"你觉得你爸爸爱你吗？0—10分，0分代表完全不爱，10分代表100%的爱，你看是几分？"

"9分。"

"你觉得你妈妈爱你吗？是几分？"

"10分。"

"你觉得这是实际的情况，还是你期望的情况？"

小郎不说话了。

"虽然爸妈离婚了，但确实不影响他们各自继续爱你。无论你做什么，可能都无法改变他们的决定。但就像你说做自己可以做的事，找你可以寻求帮助的人，你可以为自己的人生负起责任来。"

"谢谢老师。"

后来，因为妈妈工作调动的关系，小郎转学了，我们没有再联系，希望他羽翼慢慢丰满，对世界怀揣安全感，去开拓自己的人生。

聆听手记

这些年离异家庭陡增，孩子由此遇到各类心理问题的状况层出不穷。有的孩子成绩一落千丈，有的孩子变得像刺猬，有的自暴自弃，有的怀疑人性，有的出现身心疾病，也有的能在经历心情起伏后安然度过……

其实，我们并不指责离婚这个行为，因为哪怕不离婚，父母的各类矛盾也可能对孩子造成各种冲击。最主要的问题是，离婚后父母应该给孩子的爱不能少，也要给孩子时间去消化这个结果。

个体如果出于各种原因不能产生安全感，只有依靠自我觉察，加上寻求必要的帮助，才能慢慢建构起自身的安全感。毕竟，世界纷繁，自己经历的未必是全貌，要相信能够遇到可以给予支持和信任的人。心理咨询关系的建立其实是给来访者一个视角，去看到存在这样的可能。

5 "我现在只想睡觉"
——如何引导学生增强时间观念

"老师，我再也受不了了，太累了。"这天，睡眼惺忪的学生小天无精打采地来到心理咨询室对我说。

"怎么了？"我关切地问道。

"老师，天天只能睡四五个小时，我现在只想睡觉。"

"怎么回事？"

"每天做作业都要做到晚上 12 点以后。"

"这种情况持续多久了？"

"初三以来基本上都是这样的。"

"你问过同学吗？他们通常做到几点？和你差不多吗？"

"大多数比我要早吧！"

"你分析过原因吗？"

他沉默了许久，用无奈又生气的语气回答："就我动作慢吧。"

"为什么这么说呢？有谁这样说过你吗？"

"爸爸、妈妈、爷爷、奶奶、老师都这么说。"

据我了解，小天两岁半时，爸爸创业，每年与家人团聚的时间只有一个多月。他与妈妈、奶奶和爷爷共同生活。妈妈工作较忙，早出晚归。奶奶是退休教师，对他的要求比较高。

小天年幼的时候，动作缓慢，奶奶很心急，常常是一遍又一遍地催促，最后直接包办，他因此学会了等待奶奶帮他完成任务。每天都需要奶奶把他从被窝里拽起来，帮他整理好书包，给他带上早饭在路上吃……这恰恰剥夺了锻炼他的机会，因此他惰性越来越强。生活上养成的拖延习惯自然地影响到他的学业。平时，不管是做课堂作业还是单元测试，他的动作都很慢。单元测试的时候，经常是老师收完卷子准备离开，他才匆匆交卷。以前作业量少，还没有影响到睡眠；现在增加了新学科的作业，他应接不暇，只有通过压缩睡眠时间来完成作业，既影响了睡眠状态，又引发了烦躁的情绪。

小天目前的问题主要是拖延。随着年级的升高，学业的挫败感以及非理性信念，引发了小天很强的焦虑情绪。他越觉得自己做不好，就越是担心，越是着急，越是焦虑，越是拖延。从小天和我交流的情况来看，他确实不善于管理时间，做事情缺乏紧迫感，计划性差，任由你着急催促，他依然我行我素。所谓习惯成自然，若要改变这种状态，恐怕得在日常生活和学习两个维度均有所行动才行。当然，也需要引导他放松，以便缓解他的焦虑状态。

"你现在怎么看待自己动作慢这件事？"

"我知道家人和老师都不喜欢我这么拖延，但我根本没有能力，做什么事情都没有其他人做得好……成绩一直很差，也好不了……"

我尝试以循序渐进的方式用积极信念代替他原有的消极信念。如面对作业时从"我老是完不成作业"，到"我没有认真听课，作业有难度，所以会有完成不好的情况"，再到"我认真听也许就能完成，不发呆会完成得好些""我很难做完所有难题，但我要是去做，可以完成一部分""那次扩展题，我很用心做，差点儿及时完成，马上要破纪录了""我发现遇到喜欢的题目我是能做好的"。

慢慢地，小天发现原来他并没有那么糟糕，开始激发出心中的斗志。

当他恢复了部分自信后，我们把目标锁定在强化时间观念上。我们做了一分钟专项训练的游戏。

第一，思考一分钟能做什么事，让他从主观上认识时间的价值。接着用行动实践，做一些难度不大的任务，如计算、背诵、写字等，并每次记录成绩，完成任务后及时予以正向肯定——"又有进步了"，让他不断获得成功体验。他慢慢地能够学会利用零散时间了。例如，利用课间时间问问题，和同学、老师讨论自己的想法等。

第二，练习判断时间，帮他尽可能地增强预估时间的准确性。例如，估计完成数学作业的时间是半小时，实际做了一个小时。此时要避免懊悔、自责，而应逐渐练习准确预测做一件事花费的时间，并且跟实际花费的时间进行对比，以便更准确地预估时间。

当然，我也提醒小天要预留一定的自由时间让自己的身心得以放松。无论成绩如何，都要给自己留出一点儿玩耍的时间，否则会不自觉地通过拖延的方式来"争取"休闲时间。通过不断交流，他慢慢地愿意向我倾诉更多的心声。虽然爷爷奶奶很关心他，但是每当同学聊起自己的爸妈时，他都觉得很失落，希望在克服拖延的过程中能够有爸妈的帮助。为此，我又联系了他的爸妈。他爸爸答应每周与他保持电话联系，他妈妈也答应会花时间与他多沟通。

此后，小天在平时测验中能够及时交卷了，成绩虽然并未取得明显进步，但精神状态改善了许多。他的拖延习惯在慢慢改善中。

聆听手记

因为拖延导致学习缺乏效率，甚至影响睡眠质量和身心状态的学生可能不少。但换个角度看，也许这类学生比较要强，这是很好的教育契机。只是出于各种原因，学生没有养成良好的习惯，时间观念弱化，行动力欠佳。因此，在咨询过程中，首先，我营造无条件接纳的氛围，让小天倾诉一系列问题背后内心的无助、无奈。老师们要认识到，做事拖拉的学生大多数内心是无助的，情绪是不愉快的。其次，以改变非理性认知的方式为其注入正能量，使其发现未知的自己，增强自我效能。再次，通过游戏等方式强化他对时间以及自身利用时间的感知，增强时间观念。最终，通过自我放松，家庭成员提供支持性帮助等方式让他处于改变自己的良好环境中。

6 刻在心底的伤痕
——如何帮助学生摆脱外貌烦恼

男生小然，高高的个子，白白净净的脸颊边有一条淡淡的疤痕，看上去文质彬彬，却总是独来独往，同学们对他似乎有些"敬而远之"。

我带着疑惑询问他的班主任宋老师。她告诉我，小然的爸爸是画家，妈妈在航空公司工作，小然是独生子，家中的"掌中宝"。他擅长绘画、写作，略有些神经质，很爱干净，怕别人笑话自己。刚进中学时和同学相处比较融洽，但是有一次，一位同学与他发生冲突，不慎用美工刀把他的脸划伤了，他的脸上就留下了那条淡淡的疤痕。

宋老师继续对我说："小然在他的衣橱门上贴了一张纸，写满了他恨的人的名字。在暴打了划伤他的同学后，还不解气，经常把家里的刀偷偷带到学校，伺机报复。他平时很容易动怒，甚至有些歇斯底里，所以同学都挺怕他，躲得远远的。"

脸被划伤大概是让他的情绪出现转折的重要事件，我心里暗暗推测，他脸上的伤口早已愈合，只留下淡淡的疤痕，但他心中的伤痕远远没有修复。对于小然，只有让他感受到更多的爱，才能慢慢化解他心中的恨。这要从何处着手呢？我陷入了思考。

想来小然是一个很有个性的孩子，贸然地接触他只会让他产生抵触情绪。恰巧，这次的心理课正好是给他们班的学生讲有关绰号的内容，学生对恶意的诨号都深恶痛绝，对俏皮的昵称都极为喜爱，课堂上引发了赠送他人雅号的热潮。很自然地，我问学生们有什么雅号可以送给班里的同学，并要说明原因。大家就七嘴八舌议论开了。学生们都说小然写文章挺不错，就送了个"阿文"的雅号。小然的脸上露出了不好意思的神情，有些小小的得意。我想，这应该是接触他的好时机了。课后我真诚地约了他，他也爽快地答应了。我直接问他脸上疤痕的事情，他倒是不忌讳，跟我侃侃而谈，在交谈的过程中他的神色发生了变化，目光中流露出一种恨意。

"你看，这件事让你如此愤怒，好在你控制得还不错，没有造成其他的继发性伤害。你是怎么做到的？"

他有些意外且有些得意地说："虽然很恨他，可是我总不能真的把他怎么样吧，那不是把事情变得更糟糕了吗？"

我心里有些窃喜，说："看来你还是有基本的自制意识的，这很好！"我引导他用健康的方式处理这种恨的情绪，而不是简单压制："你心里觉得恨的时候，怎么办呢？一味地控制好像也不是好办法。你想，气球里的气一直积压膨胀，最后就会让这个气球爆掉。"

他说："我会在纸上写上我恨的人的名字，然后对着纸骂或戳。"

"这样做蛮解气的。你恨很多人吗？只有一个同学划伤你了。"

"其他人笑我。"

"他们笑你什么呢？"

"笑我脸上的疤痕难看，笑我记不住东西，笑我活该……"他一下子说了很多话，似乎备受煎熬。

"你是听到的还是看到的？"我想澄清一下这是事实，还是只是他的感觉。

"有些是听到的……有些是看到的……其实好像也不多。"他突然不像刚才那样情绪激动了。

"你是说，很多时候是你自己感觉被人嘲笑了？"我轻轻地问。

他陷入了沉默，许久回应了一句："大概吧。"

我乘机和他交流了情绪 ABC 理论。美国心理学家埃利斯创建了情绪 ABC 理论。他认为，激发事件 A 只是引发情绪和行为后果 C 的间接原因，而引起 C 的直接原因则是个体对激发事件 A 的认知和评价而产生的信念

B。同一情境下（A），不同的人的理念以及评价与解释不同（B1 和 B2），会得到不同结果（C1 和 C2）。因此，事情的根源在于我们的信念。信念是指人们对事件的想法、解释和评价等。也就是说，人的消极情绪和行为障碍结果（C），不是由于某一激发事件（A）直接引发的，而是由经受这一事件的个体对它不正确的认知和评价产生的错误信念（B）引起的。错误信念也被称为非理性信念或不合理信念。每个人都可能有不合理信念的这一面，而正是这一面让我们常产生情绪困扰。如果这些不合理信念长期存在，久而久之就容易引起情绪障碍。

"你能说说最近一次有这种感觉的情况吗？"我试着和他一起找他身上的那个"小坏蛋"。

"不合理信念是'小坏蛋'。"他嘀咕了下，"比如，同学说到帅不帅的时候，我就会想到这个疤痕，觉得他们故意嘲笑我，就会突然很生气。"

"你很介意这个疤痕，觉得它让你没有以前那么帅了，对吗？"

"嗯，是的。"

"其实，介意它也是正常的。一般人到了这个年纪，本来就很关注自己的形象，看到它总觉得不舒服，但皮肤修复本身是需要一个过程的。"

"它会好吗？"

"现在医疗技术这么发达，总有方法去更好地处理它。不过，如果它还在你脸上，你就不帅了吗？"

"别人就会对我指指点点。"

"可是，你刚刚说同学只是谈及帅不帅的话题。"

他沉默了一会儿，说："其实，从小我就被很多人说'你长得还是蛮帅气的，怎么学习上不能更漂亮些'。我在学习这方面确实不太好，记忆力也不如其他同学，总记不住东西，所以我希望能在形象上无可挑剔。"

"可是出了这样的状况，你对自己感到失望了吧？"我问。

很显然，在学习成绩上的不如意令小然缺乏自信，他寄希望于通过好相貌来获得他人的肯定和赞誉，但脸被划伤后留疤的结果让事情变得雪上加霜。因此，对他来说提升自信，消除不合理信念应是解决之道。

在和宋老师进一步沟通后，我和几位任课老师商量好，适当降低对小然的学习要求，但又不露痕迹，慢慢帮助他取得点滴进步，从而提高他的学习兴趣和自信心。老师们认真批改他的作业，只要发现优点或小进步，就及时表扬他，经常在班级同学面前朗读他的文章，点评文章的优秀之处，并推荐到校报发表，小然因此受到很大鼓舞。我还鼓励小然看看身边那些真诚的朋友是否真心地帮助自己。

一周后，小然高兴地告诉我，有一个同学对自己特别友好，平时总和自己一起回家，还与自己一起练习体育课上教的动作，和自己一起讨论题目……他发现生活中真正的好朋友其实根本没有在意他脸上的疤痕。慢慢地，他有了自信，也有了好朋友，恨意在无形中消散了。

聆听手记

因为脸上被同学划伤留下疤痕的伤害事件，小然逐渐滋生了一些不合理信念，如过分概括的消极评价和任意推测糟糕的结果。他对学业缺乏自信，希望用完美的外貌来弥补，从而获得自信。这个突发事件导致他对自己的评价一落千丈。这种片面的自我否定又令他对同学产生了怨愤、敌意等消极情绪。心理老师在他遭遇人际交往挫败后，给予理解和陪伴，帮助他宣泄负面情绪，引导他审视不合理信念，树立合理观念，避免其情绪失调，让他真实地感受到生活中真正的好朋友其实根本没有在意他脸上的疤痕。一个自信的人，一个善待他人的人，并不会因为脸上有疤痕而被他人疏远和嘲笑。

转变有心理障碍的学生，环境的作用非常重要。在本案例中，我们看到了班主任、科任老师及同学们对小然的关心、接纳和包容的作用。这一切都是帮助小然走出情绪阴霾的支持力。

7 12岁的"老爷爷"
——如何引导学生克服长跑恐惧

广播里正播放富有节奏的进行曲,操场上响起了整齐的口号声"一二三四、一二三四"。我想起了那个令体育老师头疼又无语的"老爷爷"。

其实,"老爷爷"才12岁,只是因为平时动作慢条斯理,又爱说一些"陈年往事",诸如历史、老歌等,所以被同学们戏称为"老爷爷"。

"对这个绰号,你有什么感觉?"我问他。

他淡淡地笑笑说:"无所谓了。"

"是听之任之还是很在意他人的评价?"

"一开始心里挺不是滋味的,后来也就悉听尊便了。现在,觉得还蛮好的。"他脸上表情细微的变化反映出确实是这样一个过程。

"怎么说蛮好的?"

"长跑跑不动的时候,就可以用这样的话搪塞,谁让我是老爷爷呢!"他自嘲,但又不像是随意开的玩笑。

"长跑很令你头疼吗?"

他一脸苦相地说:"是的。我实在跑不动,每次学校组织'阳光体育冬季长跑'活动,我就紧张得要命。"

"你都紧张些什么呢?"

"每次老师们都严格要求我们跑完全程,我都跑得气喘吁吁,而且容易掉队,有时候会掉到其他班去。"

"老师和同学们的反应怎么样?"

"同学们总是肆无忌惮地开玩笑，老爷爷又掉了几个班了，快找一找……老师当然是批评我，逼我跑。"

"这个感觉是不太好。你觉得跑步究竟有怎样的困难呢？"

"为什么要跑那么长的距离？跑前，心跳加快，四肢无力；跑的过程中，上气不接下气；跑完，难受得像要死掉一样，两腿发软，喉咙腥甜，浑身没劲儿，经常呼吸困难，胸闷。"

"你的语文功底一定不错吧？"我打了个岔。

他愣了一下，笑笑。

"长跑的距离令你头疼，长跑的过程令你难熬，老师的批评令你失落，多次掉队令你尴尬……在你看来，长跑简直一无是处。带着这些感觉去跑步，估计是心事重重，基本上是跑不好了。"

合理情绪行为疗法认为，使人们难过和痛苦的，不是事情本身，而是对事情的不正确解释和评价。事情本身无所谓好和坏，但当人们赋予它偏好、欲望和评价时，便有可能产生各种无谓的烦恼和困扰。如果某人有正确的观念，他就可能愉快地生活，否则，错误的思想及与现实不符的看法就容易使人产生情绪困扰。因此，只有通过理性分析和逻辑思辨，改变造成求助者情绪困扰的非理性信念，并使其树立起合理的、正确的信念，才能帮助求助者克服自身的情绪问题，以合理的人生观来创造生活，并以此来维护心理健康，促进人格全面发展。具体到长跑这件事，我怀疑他是有了不合理的想法才导致排斥长跑的情绪和行为出现。

"关键是我没有觉得刚才说的是不合理的。"他有点儿着急，"这些都是我体验到的。"

"没有说你的想法一定是不合理的，只是说不同的想法会带来不同的情绪感受和行为表现。"

"嗯。"他有点儿阻抗。

"其实，我很能体会你对长跑的排斥，因为我在学生时代也是这样的。"

"真的吗？"显然，他既感到意外又高兴。

"真的。我最怕长跑了，最好有什么正当理由能让我不跑，所以我特别能理解你。"

"哈哈，那您是怎么做的？"

"有一阵子，我和你的情况是一样的，谈长跑色变。"

"那您后来是怎么做的呢？"他特别着急地想知道我的应对方法。

"后来，总算及格了，否则就不能作为老师坐在这里和你交谈了。"

"怎么做的？"

"可能我心里不服气吧，觉得为什么别人都能顺利跑，我却不行。如果说这是个人的天赋使然，勤能补拙，只要我坚持练习，总归能有所进步的。后来，每次放学后，我都会在操场上跑，一开始距离短些，慢慢增加距离。"

"就这么简单？"他有点儿难以相信。

"当然不是。中间也打过退堂鼓，心想为什么别人就能轻轻松松地过关，而我那么努力还原地踏步，而且跑完全程真的和你说的一样难受，觉得坚持不下去。"

"我就说吧，太难受了，太难坚持了。"

"可是我现在做任何事情都会对自己说，你看那么艰难的长跑你都坚持下来了，还有什么好退缩的？"

"你是说从长跑中获得了力量？"

"是的。长跑让我觉得我有能力去对抗各种困难，有坚强的意志品质，有坚持的定力，这让我做任何事情都很有决心和底气。"我说。他沉默不语。

"我能充分理解你的感受。这真的很不容易，但你若用实际行动把它打败，你对自己的信心将由心而生，充满动力。这就是不同想法会影响你的感受和行动。这是老师的糗事，希望你能替我保密。"

"那当然。"他笑了，"我想我也需要试试。"

"长跑只是一个小事情，但是它可以反映出一个人能不能克服自己的惰性，我想你应该能克服。和你再分享一个故事，让你对长跑有更正确的认识。"

他很期待地看着我。

"我相信你肯定知道，适当长跑可以增强自身的心肺功能，而心肺功能是反映一个人体质状况的重要指标。"

"嗯。"他示意我继续说下去。

"有心理专家做过一个试验——将156名抑郁症患者随机分成3个人数相等的小组：第一组患者被要求只服用抗抑郁药物；第二组患者被要求只进行每周3次、每次30分钟的长跑；第三组患者被要求同时服用抗抑郁药物和进行每周3次、每次30分钟的长跑。16周以后，3组患者的病情均有所改善。随后的跟踪随访发现，只进行长跑的小组患者的复发率远远低于其他两个小组。这说明心理学界对长跑的功效是充分肯定的。长跑确实对人的精神、性格和行为方式有促进作用。人可以在长跑的过程中享受快乐，并把这种快乐迁移到自己的生活和工作中。"

"看来，长跑并不像我感觉的那样糟糕至极，一无是处。"他感慨道。

"当然，长跑也是需要技巧的。首先，跑前要做好一定的准备。比如，挑选自己在运动时习惯穿的鞋，会比较适应，不容易出现磨脚的情况，甚至可以耍点儿小心机，将某双鞋和自己的运气联系在一起，给自己一点儿心理安慰和动力。简单检查一下，确保衣服不会太紧，鞋不会太松，防止因为出现小问题让自己产生'跑步就倒霉'等消极联系。呼吸方式与能否坚持也息息相关，跑前适当做一些热身训练，让身体和呼吸节奏与长跑匹配。其次，在跑的过程中要保持匀速，不用介意别人的眼光，以自己能够保持的速度去跑。尽量不做大幅度的运动，除非到了最后冲刺阶段。尽量保持均衡的呼吸速度。记住呼吸是用鼻子吸气嘴呼气，这样才能防止口干、胸闷。一般是三步一呼，三步一吸，嘴稍张，吐气。另外，长跑时容易产生缺水现象。跑到一定的时候，身体就会很累，口很渴。跑前可以喝少量水，喝太多水会让肚子胀得不舒服，还会增加上厕所的次数。最后的冲刺阶段，已经是身体最累的时候，要坚持跑下去。特别注意跑后身体会有虚脱感，要慢慢地停下来休息，不要马上喝水、吃东西。要等身体调整过来后再吃东西。"

他非常认真地听着，略带担忧地问了一句："如果感觉体力不支，该怎么办？"

"在生活中，你看到、听到什么的时候会热血沸腾？"

他说了一部动漫男主角的名字。

"跑步的时候能看到或听到他的故事吗？"

他很快回答："想象？"

"真棒！想象一下你像他那样强大，你一定会奇迹般地发现自己能坚持下来，而且十分轻松。不过，需要坚持，不管是什么计划，你能坚持21天，才可能成为习惯。加油！"

后来，听说大家还是叫他老爷爷，但少了戏谑，多了钦佩，钦佩他的勇气和坚持，更钦佩他广博的知识。也许征服了令他烦恼的长跑后，他对自己更有自信了吧，祝福他。

聆听手记

我一开始给"老爷爷"做心理咨询的时候，打算按照常规思路以认知疗法扰动他的不合理信念，结果他的阻抗非常明显。显然，因共情不够，我使用认知疗法太仓促了。倒是从我的"自我暴露"开始，他的抵触情绪渐渐消除。自我暴露也称自我开放。这种技术被恰当使用时，咨询师可以与来访者建立一种更为可信、合适、透明、真诚和开放的关系，以鼓励来访者进一步与咨询师分享其经历。

确实，"老爷爷"的那些不合理信念渐渐浮出水面后，他也觉察到了，当合理信念逐步取而代之的时候，不合理信念的消极影响就会慢慢减弱。不过，要注意遵循心理咨询的原则，在职业规定的范围内进行自我暴露是最有效的，不可用来减轻咨询师自己的痛苦，或者炫耀自己的成功，并且使咨询焦点偏离来访者。当然，必要的跑步技巧分享更能让"老爷爷"有的放矢地面对长跑的挑战。最终，"老爷爷"克服了长跑恐惧，赢得了同学们的尊重。

8 排斥他人的小刺猬
—— 如何引导学生克服自卑心理

这天的心理课上，我给学生布置了一个小任务：凭自己的感觉，对一张有黑点的白纸进行处理，方式自定。学生非常兴奋，发挥自己的想象力，大刀阔斧地画、剪、涂……好不热闹。

但是教室的某个位置却显得异常安静，这引起了我的注意。一个女生始终低着头，一会儿画，一会儿又把画好的擦掉，如此反复。我走到她身旁，伏下身来问："怎么把画好的又擦了？"

她面无表情地说："画得不好。你以为呢？"

我被她的回答噎了一下，悻悻地走开了。之后，她基本都保持那种状态，画了又擦，再画再擦。我隐隐觉得这是一个需要帮助的女生。可是，她如同一只刺猬，让人感觉无法靠近。

此后，我悄悄地关注她，有时借上课的机会向她提问，但她的回答基本上都是"不知道"。平时我在校园里遇到她，主动询问："对上心理课有什么建议吗？"她的回答总是"没有"。有一次，我主动伸出手想与她握手，问："你愿不愿意和我做朋友？"她还是没回应。我以为她可能性格内向，所以少言寡语，但是她和同学在一起时会大笑，聊得热火朝天。她在心理课的小结里写道："心理课给人一种不一样的愉悦感。"没想到看上去冷冰冰的她，内心竟然那样柔和与细腻。

慢慢地，她开始愿意和我交流了。她说一开始对心理老师有种莫名的排斥感，觉得老师是刻意表现出随和的，并不是真的关心自己。后来她发现，我对她的"无礼"表现得格外大度。

女生叫小雅，父母都是博士，在高校从事教育工作，对她的期望很高。"无论是学习还是弹琴，父母总要求我做到最好。"

我心生一股怜爱："感觉你很无可奈何，能举个例子吗？"

"爸妈的朋友的孩子和我同龄，每次出去活动，他们都说：'你这个人交际能力怎么那么差，人家的孩子情商怎么那么高！'妈妈说：'别人家的孩子知道替大家买好饮料，你怎么只知道自己吃了就好呢！'"我能够感受到她心底的失落。

"可是，这还不算什么。"她哽咽地说，"遇到这种情况，爸妈一定吵架。爸爸说妈妈没有树立好榜样才导致我不那么优秀，妈妈指责爸爸太忙而疏于与家人沟通。最后两人矛头又指向我，说如果我再优秀些，他们就不烦恼、不吵架了。"

"你感受到了什么？"我想帮她澄清事实。

"我觉得只有自己表现好才配得到他们的爱，若表现不好就不配。"

我小心翼翼地推断："你觉得父母没有真正爱你，是因为你的表现不够优秀，那么其他人也就更不可能无缘无故地关心你了，对吗？"

她若有所思："所以我会对其他人的关心有些莫名抵触。"

第一次心理咨询结束后，她平静地走出心理咨询室，脸上多了一分柔和。

再次做心理咨询时，她主动提起了"黑点"的那节课："当我看到那张有黑点的白纸时，我很不喜欢那么突兀的样子。"

"所以，你就在它上面画画了。"

"我想让它看起来不一样。"

"那你怎么不把它擦掉？"

她愣了一下，想了想说："擦不掉吧！"

"我看你在上面画得挺好的，怎么后来又把画好的擦掉了？"

她很苦恼地说："我控制不住自己。每一次画完，我就觉得可以画得再好些，再好些，于是就一遍遍地擦了重画。"

我试探着问："你是不是希望自己画得最好？"

"可是，每次都感觉下次会更好。每次爸妈说我没有某某表现优异、没有某某那么出色的时候，我都会暗暗地告诉自己：'下次我一定要表现得更好，让他们对我刮目相看。'"

"下次表现得更好了吗？"

她神情黯然："我很努力地表现得更好，但是他们总能看到没表现好的地方。"

"这让你很苦恼吧？"

"是的，总觉得差那么一点儿。"

"是因为他们总看到你没表现好的地方让你觉得差那么一点儿，还是真的没有什么进步让你觉得差那么一点儿？"

她说："也许是我习惯了以他们的评判为标准吧。"

我开玩笑地说："好在那样的黑点没有让你感觉非得剪掉或处理掉不可，只是想在上面做一定的修饰，说明你对自己的不足，还是比较能坦然接受的，只不过对改进的程度有极高的期待。"

"那怎么办呢？"她迫切地想找到答案。

"你能相信自己的判断吗？能客观地看到自己的点滴进步吗？"

"我必须试试。"她话锋一转，"下次，我能让爸妈一起来吗？"

我点点头，聪慧的她已然知道也许就是爸妈对她的苛刻，才会让她总是用不满意的眼光看待自己和自己的作品。

见到小雅的爸妈是在第二次心理咨询结束一周后，他们的言行举止果然富有教养，却少了一些亲近感。我开诚布公地把小雅请他们一起来的原因说了，他们听完后满脸错愕，现场一度有点儿尴尬。但可以看得出来，他们没有生气，只是突然有些不知所措。

小雅妈妈心平气和地说："可能我们都疏忽了对她心理的关注。"

小雅的爸妈凭借努力一步步地在城市扎下根，两人在各自的工作领域都表现得很出色，年龄较大时才生了小雅。理性的妈妈觉得不能因为"老来得女"而宠坏小雅，所以对小雅的各方面要求都比较高。而爸爸认为小雅的基因应该是很好的，他们都那么聪明、优秀，小雅理应表现得比一般孩子更出众，所以两人在对女儿的要求高这一点上可谓是不谋而合，但在教育方式上爸爸指责妈妈教育不当，妈妈埋怨爸爸疏于管教并指责女儿表现不佳。这样的做法，让小雅一方面觉得自己的表现不能满足爸妈的期望，另一方面又觉得没有人真正爱自己，关心自己，爸妈也只是看自己的表现，更何况其他人。

我建议他们首先当着小雅的面澄清对她的爱和要求。他们对女儿的爱是毋庸置疑的，以后一定要仔细关注她点点滴滴的进步，并且及时鼓励，不要轻易拿她和其他孩子做比较。其次，他们要心平气和地沟通，就孩子的教育问题多交流意见并争取达成一致，而不是一方负责教育，另一方负责指责。再次，小雅可以考虑下自己下个阶段要达成的目标：在与他们相处的过程中，主动和他们交流自己的感受；在与他人相处的过程中，尽可能地去发现温暖与美好。

我让小雅一家人一起来做找优点的游戏，让小雅看到家长的确很优秀，值得学习；让家长也看到小雅的确很不错，需要继续鼓励。最后，全家人轻松、愉快地离开了心理咨询室。

聆听手记

一般来说，父母对孩子的爱是毋庸置疑的。但有时候，这份爱会让孩子感到很沉重。其实，孩子很聪明，会发现如果父母对自己的爱是基于自己能否满足他们的期望，不能满足的时候爱就变成了失望甚至愤怒，这时候孩子就会怀疑，自己不配得到父母的爱；在与他人相处时，就会质疑他人对自己的友好态度；对待自己，可能会一直觉得自己不够好，而不能学会真正地去爱自己。这些问题在小雅身上表现得可谓淋漓尽致，所以需要在咨询过程中先找到"刺猬"表现产生的原因，让小雅明白自己内心的抵触情绪是如何产生的，再寻求她父母共同配合。

9 "我是一个多余的人"
——如何帮助学生化解情绪问题

这天，同事李老师有点儿慌张地告诉我，她发现班里有个女生手臂上有多条伤痕，不知道该怎么办。

由于情况紧急，我必须马上了解详情，确认学生的安危。但贸然去找那个女生，可能会令她心生芥蒂，我还是需要李老师帮忙引荐一下。为此，我做了两手准备：一是请李老师找她做思想工作，让她主动找我；二是指导李老师和她交流。至于是否要联系家长，等全面了解情况后再定。

好在女生有主动求助的意愿，这就为咨询建立了很好的基础。女生叫小茹，瘦瘦小小的，脸上长满了痘痘。如果学习成绩不理想，如果缺乏家庭支持……她的青少年时光可能会比较难挨。

小茹告诉我，小学时她就出现过用刀片划伤自己的情况，妈妈偶尔发现后问她，她只是轻描淡写地说"不小心碰到了"，妈妈就没继续盘问。上中学后这种情况就更多了，心情不好的时候她就划自己，再用小时候的伎俩去回应妈妈，依然可以过关。我猜她其实心情是有点儿复杂的吧。她苦笑了下。她希望爸妈能够关心自己，但若他们反应过度她就不知道该怎么去应对了。

这次她划伤自己的原因主要是考试考砸了。她说："我是一个多余的人。"

一般来说，学生考试考砸了会很难过。有的人会知耻而后勇，有的人会逃避、退缩，有的人会毫无理智地否定自己……小茹就属于既否定自己，又用伤害自己的方式去应对的那种学生。我们需要去探讨她的成长轨迹，以便发现她是如何形成错误认知和行为方式的。但是，这必须建立在充分信任的基础上，这样才有可能让她去揭开自己的伤疤。

有的人会说，一个小孩子能有什么伤疤，无病呻吟罢了。但我想说，有时候，孩子什么都知道，反倒是大人未必真的了解孩子的世界，懂得他们世界里的经历与故事。

起初会面时，我尽可能地去共情，慢慢地我明白了，为什么一场失利的考试就让她用伤害自己的方式去确认自己是多余的。

小茹告诉了我她家里的情况。爸妈是因为有了她才结婚的。爸爸住到了外公、外婆家，产生了很多矛盾。爸爸是个很刻板的人，一不顺意就骂外公、外婆和妈妈，骂得非常难听。小时候因为一个小意外，小茹肠胃出了很大的问题，爸爸因此对外公、外婆产生了非常大的意见。小茹一方面觉得外公、外婆不是故意让自己生病的，另一方面觉得如果当时自己没有突然到来，妈妈就不会像现在这样委曲求全，和爸爸生活在一起。

"如果没有我，他们可能就会不一样。"小茹特别伤心地说。

一个内心撕裂的青少年，想当然地把父母的矛盾归因到自己身上。她心疼母亲，憎恶父亲。但哪个孩子会不爱自己的父母呢？所以她又在潜意识里去憎恶那个憎恶父亲的自己。事实上，父亲会因为女儿生病而怪外公、外婆，并与他们吵架，显然证明他是爱女儿的。外公、外婆和妈妈细心照顾体弱的小茹，证明他们也是爱小茹的。只是家长之间的关系问题需要通过系统的家庭治疗去处理。

有一次因为下课晚，我帮小茹叫了外卖，我们一边吃饭一边聊天，就顺其自然地聊到了她的幼儿园经历。小茹告诉我，有位老师对她特别不好，甚至可以说是虐待。"有时候不给我吃饭。有一次午睡时，老师问我为什么不睡觉，我回了一句话，可能老师理解成回嘴，就打了我一巴掌……我当时还跟那个老师练琴，一起练习弹琴的还有一个女孩。老师对那个女孩格外好，每次都说那个女孩弹得比我好。最奇怪的是，那个女孩还让其他同学孤立我。还好有一个朋友帮我。"那段很灰暗的时光，造成的影响是小茹现在都不太敢看老师的眼睛。家庭状态让她怀疑自己存在的意义，老师不友善的做法加剧了她对自己的否定和疑惑。所幸，当时还有朋友支持她度过了那段时光。

我和小茹的交流让她拓展了对老师的认知范围，让她认识到每个人生命中都可能遇到给自己带来伤害的人，但他们只会成为生命中的泡沫。并不是自己不值得爱才会遇到这样的境遇和这些人的，不是所有人都会用这样的方式对待自己。当然，如果父母给了她"我是值得爱的"底气，如果当时父母能够觉察到她的情绪，给她一些必要的支持，可能会将那段经历造成的负面影响降到最低。

小茹不愿意让父母参与心理咨询，为此，我并没有强制突破保密协议，将我们的交谈内容告知家长。我需要帮助她寻找生活里的支持系统和保护能量。小茹说："长大后我想做同声传译或学习心理学。"听到这话，我很高兴，因为心中有梦想是一个人最大的保护因子。

小茹好奇地问："同学说我很情绪化，像精神分裂一样。精神分裂的人是什么样子的？我是吗？"

青少年特别爱用一些看似时髦实则未理解的专业术语互相贴标签。表面上看他们对这样的标签置之不理，但内心很容易受影响，从而评判自己，形成不恰当的自我认知。"情绪化和精神分裂可不是一回事。情绪化主要是情绪容易起伏变化。精神分裂可是精神疾病，它有一些指标，和遗传也有很大关系。如果你将来学习心理学，就可以了解它的原理和表现。"

小茹不好意思地笑了。

"我猜你的情绪化主要指你容易情绪低落，多次出现划伤自己的情况吧。"我想尽可能地把她的情绪表现具体化，而不泛化到对她的整体评价上。"所以，我们要特别留意的是，在情绪低落的时候可以做些什么让自己轻松一点儿。我们一起玩个感官游戏吧。"

其实，我就是请小茹想一想，自己的嘴巴吃了什么，鼻子闻到什么，眼睛看到什么，耳朵听到什么，手做了些什么，会让自己感觉更好些。

通过游戏，小茹找到了喝奶茶、写日记、晒太阳、找人倾诉等方式让自己放松。

我直截了当地问："除了和我诉说外，生活里你还能想到什么人吗？"

小茹想了想，说："班级里有一位朋友，还有实习的姐姐。"

"像我们这样聊聊，感觉怎么样？"

"会好一点儿。"

有目标，有资源，这样才能慢慢地学会用多种方法，而不是用伤害自己的方式应对问题。

家庭的影响会持续一段时间，但当小茹慢慢找到自己的价值，找到自己的方向时，这些困难就能克服了。后来，她考上了重点高中。

聆听手记

当下，自伤的孩子真不在少数，像小茹这样愿意主动求助的，老师还是容易帮助的。如果遇到不愿主动求助的孩子，老师就需要做出很多变通。比如，出于安全考虑需要强势介入，但是要特别注重建立关系，慢慢去扰动孩子防备的自我。或者孩子对咨询老师的介入极端反感，那就只能先从父母开始做工作，请父母改变平时的教养方式，平时要格外注意孩子的安全。

父母如果发现了孩子手上的伤痕，虽不能大惊小怪，给孩子施加不必要的压力，但也不能忽视，而要关心孩子，让孩子学会处理问题的方法，这样孩子才不至于积攒心结。自伤的孩子或缺乏解决问题的技巧，或缺乏情绪调节能力，或有需求未得到满足而想获得关注等，父母和老师要时刻留意，并提供帮助。

孩子的个性发展过程顺顺利利，自然是好事。但如果孩子的个性发展中时有波折，孩子没那么乐观、健康，父母就不能简单地指责，或给孩子贴上有病的标签，而需要接纳孩子成长中的灰暗时刻，帮助孩子走出阴霾。总之，父母要成为孩子安全成长中强有力的后盾。

10 脾气暴躁的男生
——如何引导学生平衡学习与兴趣的关系

这天，男生小博主动用 QQ 预约做心理咨询，并且按约定的时间提前到了心理咨询室，从这点上可以看出来他是迫切希望解决自己的困扰的。

小博告诉我，其实是班主任希望他来找我，解决他脾气暴躁的问题，他自己也渴望能够把这个问题解决。我让小博通过具体事例加以说明。

"有一次，我和同学一起踢毽子，一个同学说了一句玩笑话，我就忍不住打了他一拳。我们班的外教老师开玩笑说另一个班的一个女生是我的女朋友，那个同学就一直拿这个话题开玩笑，让人很烦。那次大家正玩得开心，他又开玩笑，我脑子一热就一拳打上去了，其实事后我也挺后悔的。"

"听上去，确实事出有因。"我说。

他想了想，眨了眨眼睛，说："嗯，我比较容易发脾气，不过每次发脾气好像都是因为我情绪不好。"

"不要那么早给自己贴一个标签。简单说说你家里的情况，你小时候的情况吧。"我想对他有进一步了解。

小博告诉我，他爸爸是技师，妈妈是工人，学历都不高。他们对他的要求不算高，平时他只要做完了作业就可以去小区里打篮球。

"读小学时，我的学习成绩和体育成绩都很棒，常常有一种老大的感觉。本来可以进体校的，当时听几个同学讲了体校的情况，他们说除了锻炼，其他时间可以自由安排，所以我很向往。但是爷爷很反对我进体校，为了不让他生气，我只好选择了放弃。可是在这里，班主任不允许班里的同学打篮球。"讲着讲着，小博的眼眶湿润了。

这种情绪也许在平时都掩饰得很好，也可以说是压抑在心，为什么一谈到篮球、体校的话题他就如此伤心？我注意到他在咨询中一直没有和我有过多的眼神交流，一开始手插在口袋里，后来一直在揉搓面巾纸，显得比较局促。

咨询结束后偶遇小博的班主任，了解到这样一些信息：小博的父母离婚了，已经各自有了新的家庭，他跟着父亲生活，母亲只能偷偷地看望他。小博刻意向我隐瞒了这个情况，可见这是他内心的伤口，我不能轻率地去触碰它。

第二次心理咨询时小博姗姗来迟，连连说"迟到是因为作业的事"，然后眼眶泛红，眼泪开始打转。他告诉我，因为放学后忙着打篮球，把作业本留在了教室里，忘了带回家。可是就这一次，还是第一次，班主任就让家长来学校处理。他觉得班主任有些小题大做，不给他改过自新的机会。

"我知道你挺委屈的，但不管是不是第一次，毕竟你确实没完成作业，而且是因为一心想着打篮球，对吗？班主任只是在教育学生要及时完成作业，你是不是对班主任有一些不满？"我问。

"应该是吧。有一次，我向老爸抱怨班主任不让我们带篮球到班级，希望老爸能向班主任反映我们的要求。后来老爸给班主任打电话时说到了这件事情，没想到班主任就批评我在家长面前说她的坏话。可我没有说班主任坏话的意思，所以不承认，班主任就非常生气。

"还有一次，班主任在班级里说，如果哪个同学本事很大，就可以转到别的班级去。我听了以后就很火大，班主任有什么了不起的。我感觉这样的话好像说给大家听，其实就是针对我说的。"他继续说。

"你已经对班主任很不满了，一旦班主任批评大家，你就认为班主任是有意针对你。你反过来想，若你是班主任，在学生出现未交作业或其他不方便公布的问题时，你会怎么做？你会置之不理吗？"我问。

他沉默不语。

"你看，你没做作业，有没有想到这种状态是需要让家长知道的，和第几次没做没有多大关系？你说班主任有什么了不起的，说明你心里早就感觉自己本事很大，所以就认为班主任故意来'戳'你吧？"

"老师我知道了。"他急切地打断了我。

我顺势把话题引到了上次给他布置的任务上，请他谈谈对没选择念体校有怎样的感觉。

"我特意和一位念体校的朋友聊天，发现那里也不是那么自由、开心，也不再后悔当初的选择了，这点能放下了。"他的眼神确实坚定了很多。也许在通过多角度了解另一种选择的可能结果后，他对当下的选择更能自然接纳。

从本质上说，小博的内心渴望自由。因为青春期的少年在心理特点上最突出的表现是独立意识增强，渐渐地，他在生活的很多方面不愿受到成年人过多的干预，希望能够按照自己的意愿自主安排生活和学习。其实，对小博而言，无论在哪里，无论做出什么选择，自由总是相对的。考虑到他有时候对班主任有一种主观排斥感，若下周还有类似感受，就可以请他写下班主任讲的什么话令他觉得比较苦恼以及自己当时是怎么想的。

第三次做心理咨询的时候，他看上去神采奕奕，像个阳光少年。我请他说说上次任务的完成情况。他很高兴地告诉我："这周没有令自己很烦恼的事情。一周的学习、体育活动都比较顺利。"

"那你可以具体说说顺利的情况是怎样的吗？"我问。

"班主任说期中考试有明显进步的同学，可以带篮球来学校，放学后可以打球，所以我现在很有斗志。我觉得通过自己的努力来获得这样的资格比较好，说明我可以把学习和兴趣平衡好，还能让兴趣促进自己学习。现在为了实现这个目标，我在家里都把篮球锁了起来，把钥匙交给了爸爸，到周末才拿出来玩。总之，这一周还是蛮开心的。"

感觉他很希望把这些快乐的事情拿来和我分享，也许此刻他已经不再为所谓的脾气暴躁而苦恼了。希望他以后能以实现目标为动力，让自己的学习、兴趣实现平衡，打破负面情绪的连锁反应，与老师能更友好地相处。

脾气暴躁看似是一个情绪处理不当的问题，实则是一种弥补心理缺失的表现。小博绝口不提父母离异的情况，说明他很介意此事，希望通过良好的表现来证明自己。小博因打篮球而影响了学业，引发了师生矛盾。处于青春期的他敏锐地感觉到处处受限制，不自觉地反抗，让自己能表现更好的希望落空，然后就陷入了负面情绪、反应过激的旋涡中，从而表现得脾气暴躁。在心理辅导过程中，咨询师并没有直接和小博谈论父母离异带来的影响，因为谈论他很介意的事还需要一个水到渠成的时机。

11 总被老师批评的男生
——如何帮助学生克服以自我为中心的心态

这天，一个声音从门外传来："老师，您在吗？我来看看您。"推门而入的是一个既陌生又熟悉的男生。说陌生是因为今天的他与那时蜷缩在心理咨询室一角连头也不抬的他判若两人。现在的他是那样的神清气爽，笑容满面。如果不是因为这张熟悉的脸，前后的反差真的让人无法立刻将以前的他与现在的他联系起来。

男生叫小柯，当时念初三。他课余时间与同学追逐打闹，听课时不仅注意力不集中，还会前后摇摆桌椅，甚至扭头和同学说话，干扰老师正常的教学秩序。平时学习态度不端正，不肯付出努力，常不完成作业，懒得做一些需要动脑思考的题目，成绩非常糟糕。对于老师的督促，他动不动就流露出反感、抵触的情绪。班主任觉得他有些棘手，希望我介入。

一般来说，这样的学生常常生活在不和谐的家庭环境中。所以，我没急着和他探讨他的问题，反而从聊聊他对父母的感受开始，先降低他的戒备心，说不定还能发现引发转变的契机。

第一次心理咨询时，他很不配合。于是我说："我知道你很反感被带到这里。"他终于抬头瞄了我一眼。"我也不喜欢被别人安排，但有时候被人安排的结果也不会糟糕至极，要不我们试一试？"我建议他。

"好吧。"他轻声地回答。

"把你家庭成员的名字写下来，用实线、虚线表现你们的关系。"

我发现小柯和爷爷、奶奶关系非常亲近，对妈妈的态度一般，对爸爸有着矛盾的心态。原来，小柯爸妈工作单位离家较远，所以经常很晚回家。他基本是由爷爷、奶奶带大的，他们对他过于宠爱与放任，凡事都顺着他。于是，他在家一直以自我为中心。家人对他的管教以妈妈为主，爸爸对他的管教则时松时紧。

"我觉得，有时你也不喜欢自己现在这种状态吧？"我问。

"说不清楚……爷爷、奶奶对我很好，妈妈对我比较有耐心，但不太能指出我的问题所在，爸爸就知道骂我、打我。"

"你觉得他们都不理解你？"

"差不多吧。"

"你希望这种状态持续下去吗？"

"我当然不希望它持续。"不知不觉，他的话多了一点儿。

"我来讲一个小狐狸吃葡萄的故事吧。在一位农夫的果园里，葡萄挂满了枝头，附近的狐狸早就想享受一下了。第一只狐狸来到了葡萄架下，它发现以它的个头这辈子都无法吃到葡萄。因此，它想，葡萄肯定是酸的，吃到了也不好受，不如不吃。它心情不错地离开了。第二只狐狸看到高高的葡萄架没有泄气。它想，它可以向上跳，只要尽力必定能得到。'有志者事竟成'的信心支持它，它跳得越来越低，最后累死在葡萄架下，做了肥料。第三只狐狸一看葡萄架比自己高，愿望落空了，便撕咬能够抓到的藤，正巧被农夫发现，一铁锹就把它打死了。第四只狐狸看着高高的葡萄架，心情无比低落。它想，为什么它的命运这么差！连想吃个葡萄的愿望都满足不了。越想越愁，最后抑郁而终。同样的结果，这几只狐狸为什么会有高兴、执拗、狂躁、忧郁的感受呢？"

他想想，说："与它们怎么想都摘不到葡萄这件事有关吧！"

"是的。你的感受未必是真的感受，可能只是你想的结果。老师批评你的时候，你怎么想？"

"他怎么老是为难我！"

"最主要的是在家里你什么都可以做，到学校却有很多规矩。"

"差不多。"

"可是，学校就是一个小社会，不可能像你在家里那样。也就是说，你希望在学校像在家里一样这个想法是不合理的。"

"您是说老师就是要管我的，是吧？"

"说这话的时候，你心里是不是仍旧气呼呼的？"

"是的。"

"那该换个什么样的想法，才能让你不气呼呼的？"

他想了很久，沮丧地说："我从小到大被老师批评，都已经麻木了。在家里呢，他们要么顺着我，要么一顿打，我都不知道该怎么办了。"

这时候，我突然意识到，让他改变对老师的消极态度很重要。老师和家长的爱要么是限制式的，要么是放任式的，都令他无所适从。

"所以有时候，你的言行举止都有些赌气，是吗？"我问。

"是的。"

"那你打算再赌气多久呢？"

"我不知道，我也不想。"

"你希望自己是一个怎样的人呢？"

"正常的学生。"

"现在怎么不正常？"

"就是能按老师说的，端正地坐好，认真地上课，这样家人就不会因为我的事情而发生冲突了。"

"你很有担当啊！对发生在大人们身上的事情能从自己身上找原因。要不我们做一个有关学习风格的心理测试吧。"

小柯非常认真地完成了这个测试，结果显示他是典型的触觉型学习者。

"这是什么意思？您快点儿帮我解释吧。"他表现得十分迫切。

"触觉型学习者主要通过触摸或实践来学习，平时喜欢动来动去。但在现行的教育评价中，你是比较吃亏的，因为让你一直安安静静地坐着不动，对你来说难度比较大。所以，先要澄清的是你现在只是有触觉型表现，还是老师不断批评你，让你觉得自己就是注意力不能集中？"

"有时候是故意的，有时候并不是。"他很坦诚。

"对老师的评价，按你自己说的，停止赌气，或者看可以用怎样的方法既能辅助学习，又能满足身体动一动的需求。"

他期待我赶紧说下去。

"平时阅读时，你可以读到哪儿，手就指到哪儿。必须掌握的东西应当多写几次，因此你身边要多准备一些便条。记笔记并保存这些记录对你而言是极为重要的，可以制作一些学习卡片。当然，上课时，可能有时候老师只是单纯地讲，你身体想动的愿望不能得到满足。这时候，手可以放在桌子下方做一些握紧、放松的训练，以消耗你的能量。但桌上不要放容易让你增加动作的东西，尽可能整洁些。"

"我回去试试。"他兴奋地说。

后来，小柯考上了一所职业学校。他说自己确实喜欢动手操作的事情，于是就有了开头那一幕。

聆听手记

面对所谓的"问题学生"来访，心理咨询师一定要先稳住自己的情绪，要有足够的耐心，不是简单地从问题切入，而是通过各种技术先了解学生的一些可以客观分析的因素，顺势寻找咨询的突破点。在这个过程中，还是会很容易进入说教状态，但从接纳小柯气呼呼的情绪开始，我们彼此间的配合便开始增强。而测试与分析学习风格，让他真正摆脱了负面评价带来的自我否定。当自我接纳度增加时，他便成了一个能自我负责的人，相应的"问题行为"也逐渐有所改善。

12 软硬不吃的"坏小子"
——如何满足学生渴望关注的心理需求

　　这天，外校七年级班主任赵老师在发给我的求助信中写道："我班学生小力是个聪明但满脑子坏主意的男生。恶作剧不断，班里出现的坏事，几乎件件少不了他。学习就更不用提了，是老师们公认的'坏小子'。课上常扰乱秩序，课间无端攻击他人。为了他我真可谓是煞费苦心，但他就是软硬不吃，真让我伤透了脑筋。"

　　此时的赵老师非常希望我能给他一个锦囊妙计，尽快解决小力这个难题。但我认为面对一个故意捣蛋、我行我素的学生，靠严格控制和强力束缚可能很难奏效。因为路途遥远，我无法对小力做面对面的心理辅导，所以，我建议对小力做电话辅导。

　　我先给赵老师打了电话："你还记得小力是从什么时候开始变成人人讨厌的'坏小子'的？"

　　"我接触小力仅仅一年，记得他刚进学校时，表现要好一些，但现在变得越来越令大家讨厌，甚至痛恨了。"赵老师回答。

　　"作为班主任，你采取过哪些措施？"

　　"我多次找他谈话，苦口婆心地指出他的错误。他表示要痛改前非，可几天后依然故我。之后，我采取严厉批评的方式，他稍微收敛一下，但好景不长。再后来，我尝试发掘他的闪光点来鼓励他，而他毫无反应，真是一个软硬不吃的问题学生。"赵老师认真地回答。

　　在对待小力的问题上，赵老师似乎既有苦口婆心的耐心，又有严厉批评的爱心，还有发掘闪光点的善心，但为什么他的拳拳之心难以打动学生的顽固之心呢？

在征得小力同意的前提下，我与他通了电话。我主动做了自我介绍，并说明原因。他爽快地同意做心理咨询。

"小力，你觉得赵老师喜欢你吗？"我问。

"不知道。"小力很快回答。

"那你喜欢赵老师吗？"我直截了当地问。

"大概喜欢吧。"他支支吾吾地回答。

通过这两个答案，我发现小力与赵老师的关系并不好。

"你能说说你在学校的表现吗？"

"我在学校表现不好，老师讨厌我，同学孤立我。"他无奈地说。

"能具体说说自己做了什么，令老师生气、同学讨厌吗？"

"譬如，上课铃响了，我飞也似的跑进教室将门或关或堵，阻止同学顺利进教室。老师走进教室，不等值日生喊'起立'，我就故意拉长音调喊'老——师——好——'把大家逗笑。"

"把他们逗笑很好玩吗？"我认真地问。

"平时他们都不理我，我想引起大家注意。"

"你还有什么可以逗乐同学的高招？说来听听。"

"在课堂上，我有时将一张纸挖出刚好与两眼、鼻子对应的三个孔，贴在脸上，眯着眼睛看老师和同学。或者将透明胶布从下颌处依次贴到鼻梁处，然后嘟着嘴向外吹气。或者不停地移动椅子，挪动课桌，用手敲打桌底。如果老师或同学不理我，我就突然猛力站起来又突然猛力坐下，并发出怪叫声。"他得意地向我介绍他的"高招"。

"你这样做的目的，是想在课堂上捣乱，还是想引起大家注意？"

"我不想捣乱。"他轻声地回答。

"你想引起大家关注，但你知道后果是什么吗？"我问。

电话那一头的他默不作声。

"你好好想一想，怎样让自己成为一个受大家关注并喜欢的人？我们有机会下次再聊。"我挂了电话。

我再次与赵老师交流："小力调皮捣蛋是希望老师关注他。你是否发现他还有其他表现自己的行为？"我希望赵老师发现小力积极的一面。

"在课堂上，他在老师讲课、同学回答问题时，非常快地抢接下句，所说的内容风马牛不相及，引来全班哄笑，他却摇晃脑袋自得其乐。在师生互动环节，他动作比谁都快，一边高举手，一边踮起脚高喊：'老师！老师！叫我！'真的叫了他，他却结结巴巴地答非所问；不叫他，别人回答问题时他就大声胡说，搅得课堂一片混乱。"赵老师还是觉得这都是小力令人头疼的问题。

"在我看来，小力既有令人讨厌的一面，也有单纯、可爱的一面。他关门堵人、移动椅子、敲打桌底、抢接下句、踮脚高喊的目的，就是想引起同学、老师对他的关注。但可怜的他却采用了令人生厌的方式，结果是渴望越强烈，行为越恶劣，成了令老师伤透脑筋的'坏孩子'。"我分析道。

一个人的性格常常会影响他的行为，一个人从小的生活环境也会在他的成长中留下深深的烙印。我想了解小力的家庭环境和成长经历。据赵老师介绍，小力是家里的独子，家庭经济状况良好。他父母为了照顾他，选择在家务农和做小本生意。小力虽然住校，但他母亲每周都把他喜欢吃的水果、牛奶和菜送到寝室给他改善生活。

小力有多个表姐、堂兄考上了大学，这对小力的父母影响很大。他们对孩子的期望很高，希望小力能努力读书，考上大学，为他们争光。但小力对学习很不上心，为此没少挨父母的斥责和惩罚。

"我们可否换个角度，看看小力有没有值得鼓励的地方？"我问。

"他平时能按时到校，从不迟到。上课老师提问时他把手举得老高。他劳动还算积极，热心替老师办杂事。"赵老师一口气说出了小力的几个优点。

"其实小力再狡猾也只是个孩子，一个13岁的学生。也许是长期缺少关爱的他，学会了用这种方式来保护自己；也许是备受冷落的他，学会了自我防御。"我分析道。

因为电话辅导的局限性，我与小力没有进行第二次交谈。但我知道，如果赵老师改变了对小力的态度和做法，小力还是能够成为一个受人喜欢的学生的。

对赵老师今后的工作，我提出了三个建议。

第一，班主任是否可以不让全班同学异口同声地谴责小力？面对强大的压力，有人会为了维护自己的尊严而选择做出对立行为，其结果只会是表现得越来越差。

第二，在看到小力存在诸多问题的同时，班主任是否应该尝试表扬他的优点，让他感受到做了好事的愉悦及受到表扬的自豪感？

第三，班主任是否可以用"晓之以理，动之以情"的方法，透过其强悍的外表，进入其脆弱的内心？

小力其实很清楚自己在班上的情况。他是一个弱者，但个性张扬的他又不肯认输，所以，想通过挑战他人来满足自己的自信需求。他欺负弱者能满足他成为强者的虚荣心。遇强则弱，遇弱显强，这大概就是他扭曲心理下的异常行为。

对待小力这样的学生，老师一定要从满足他渴望被关注的心理需求出发，用热情、接纳取代冷漠、孤立，用理解、欣赏替代批评、指责，用善意、引导赢得信任、服从。班主任每天充满爱意的目光、洋溢微笑的脸庞，可以让小力这样的学生感受到被关爱的幸福；每天充满激情的鼓励，富有诚意的指点，可以让小力这样的学生获得成长的力量。

聆听手记

面对小力这样软硬不吃的学生，老师如何做才能融化他心中久积的坚冰，让他像同龄人一样健康成长？学生是一个人，需要我们给予他人格上的尊重；学生是一个以学习为主要任务的人，需要我们以多元化的标准评判他的优劣；学生是一个发展中的人，需要我们包容他的不足，等待他成长。老师应该用热情消除学生的冷漠，用善心感化学生的狡黠，用耐心期待学生成长。

13 双胞胎的困惑
——如何帮助学生应对攀比压力

开学前夕，一位家长几次打来电话，说孩子出了大问题，想预约心理咨询。我同意第二天下午两点接待她与孩子，她一再表示感谢，却只字未提孩子的信息。

第二天我准时来到心理咨询室，见到电话预约的一家人——夫妻两个，还有一对双胞胎姐妹。姐妹俩非常安静地坐着，同样的衣裤和鞋，但发型不一样：姐姐小美梳着两个羊角辫，显得活泼、开朗；妹妹小丽扎着一个马尾辫，显得文静、秀丽。我仔细地打量她们，难以想象她们出了什么大问题。

"她们读小学时，学习成绩都非常好，考上了同一所初中。现在，姐姐的成绩还是非常优秀，但妹妹的学习成绩就比不上姐姐了。上学期妹妹因为生病缺课三周，没参加期末考试。现在，距离开学还剩两天，妹妹突然提出不想去学校读书了。我不知道她拒绝上学的原因，也无法说服她改变主意，真是急死人了！"妈妈说出了她担心的事。

我让夫妻二人留在心理咨询室等待，让姐姐小美去沙盘训练室做沙盘游戏，让妹妹小丽来到我的办公室。

"小丽，你不想上学的原因是什么？"我问。

"不知道。"她很干脆地回答。

"如果不上学，你准备干什么？"我又问。

"不知道。"

"你不知道自己在干什么，也不知道自己想干什么，这说明你的思考出问题了吗？"我严肃地问。

"没有。"她肯定地说。

"可能有的事不想说或者不好说，那就先不说吧。如果一个人在树林里走，突然发现前面有一只老虎，这个人会怎么办？"我问。

"快速逃跑呗！"她很快地回答。

"他快速逃跑，这样做是对还是不对？是好还是不好？其实，遇到突发危险时，人都会有退缩、躲避、逃跑的应激反应。面对老虎快速逃离，可以认为是机智敏锐，也可以说是胆小无能；面对老虎快速地冲上去，可以认为是勇敢无畏，也可以说是鲁莽无知。所以，我猜测你可能遇到了大老虎，选择了快速离开的策略。"我分析道。

她默默地点点头。

"你能说说遇到了什么困难吗？"我切入正题。

"双胞胎一定要一模一样吗？在家里，爸妈总说，'你看姐姐多听话''你看姐姐学习多自觉''你看姐姐多有礼貌'；在学校里，老师总说，'双胞胎怎么不一样，姐姐多优秀，妹妹差远了''你要多向姐姐学习，双胞胎总应该一样吧'。反正在他们眼中，姐姐什么都好，而我就什么都不行。"她委屈地说。

原来姐姐成了她无法逾越的障碍，面对强大的"对手"，自卑的小丽选择了退缩和逃避。我要帮助她得先帮她找回自信。

"你能说说姐姐有哪些优点和缺点吗？"

"她学习成绩好，期末考试是班上第一名。她数学好，跑步快，脾气温顺，讨人喜欢，还有……反正什么都好，没有缺点。"

"你能说说自己有什么优点和缺点吗？"

"我喜欢看漫画书，喜欢画画，但妈妈说这是不务正业，不算优点，其他没有了。我的缺点是学习成绩不好，体育不好，脾气倔强不听话。反正我什么都不如她。"

"听你介绍了你姐姐和你的优点和缺点，我的感觉是，姐姐的理科成绩优于文科，而你的文科成绩优于理科，你们将来有可能一个向理科发展，一个向文科发展。双胞胎也不一定是一模一样的。"我说。

小丽要想在数学成绩、跑步速度上超越小美，也许永远不可能。这与后天努力有关，但也可能与遗传因素、先天条件有关。我要让小丽看到自己的特长，帮助她树立自信，而不是陷入自卑。

我对小丽说："老师送你八个字——扬长避短、取长补短。"她若有所悟地点点头。

"小丽，眼前的大老虎还在吗？开学能去上学了吗？"我问。

"可以。我愿意与姐姐在一个班上学。我知道她比我优秀，要向她学习；也知道我有比她强的地方，我会做得更好。"小丽很认真地说。

在沙盘训练室里的小美已经完成沙盘摆放。我要求双胞胎的父母把小美的作品转移到心理咨询室保存，再让小丽进入沙盘训练室摆放沙盘，看看双胞胎有什么不同之处。

30分钟后，小丽的沙盘作品完成了。我们把两只沙盘并排放在一起做对比，惊讶地发现，两个作品在主题、风格上出现了极大的反差。小丽的作品呈现了宁静的田园生活，有河流、小桥、房屋、绿树，还有一对跳着芭蕾的美丽的双胞胎。画面和谐，充满美感，这与她擅长绘画、喜欢文学密不可分。而其实在前20分钟，小丽的沙盘一直是空空的，刚才她姐姐已经摆完了沙盘，她不知道怎样做才能比姐姐更好，在自卑心理的控制下她无法动手。

"你想怎么摆就怎么摆，沙盘作品表现的是个人特点，不存在好坏之分。姐姐与妹妹的沙盘作品一定各有特色。"在我的鼓励与陪伴下，她随心所欲地摆放起来。

"有代表双胞胎的人物吗？"在摆放过程中，小丽问。

"没有双胞胎沙具，你可以用两个完全相同的人物或物品来代替。"我随手拿起两个非常漂亮的芭蕾女孩递给她。她迟疑不接。我明白，她心里在嘀咕："这是我吗？我真的可以与她一样美丽吗？"

"你跟你姐姐就是这样一对可爱的双胞胎哦！"我肯定地说。

她慢慢地在房屋前摆放上这对芭蕾女孩，但还是用不太肯定的眼神望着这对小人。

小美的作品呈现的是神秘的埃及文化，木乃伊、金字塔、狮身人面像、野生动物等，摆放的物品比较多，有点儿杂，画面凌乱，缺乏美感，甚至让人产生恐惧感。

面对两个沙盘作品，小丽指着她姐姐的作品脱口而出："好漂亮哦！"问她漂亮在哪里，"不知道"。她习惯性地认为大家一定会说她姐姐的作品好。姐姐这时也发现妹妹的作品"很美丽"。这一次，家长一致认为小丽的作品更令人喜欢。小丽突然意识到原来自己在某些方面完全可以超越小美。家长也很快明白了，双胞胎其实在性格、思维和能力等方面存在显著的差异。

看到小丽脸上洋溢着自信的微笑，心急的妈妈忍不住问："小丽，你真的同意开学去上学了？"

小丽肯定地点点头，但突然说："我要穿与姐姐不一样的衣服去学校。"这时我明白了为什么这对姐妹扎不一样的辫子，小丽还是很渴望让大家看到与姐姐不一样的自己。

我利用双胞胎姐妹出去整理沙盘的时间，又与他们的父母进行了交谈。双胞胎的妈妈很有感触地说："看来我在教育孩子的过程中存在问题，因为我总用姐姐的标准去要求妹妹，让妹妹活在姐姐的影子里。"双胞胎的爸爸也对我说："以前我们总以为小丽不听话，喜欢搞一些别出心裁的小动作。比如，要扎与姐姐不一样的辫子，要穿与姐姐不同的衣服等。现在看来这只是她在表现自己的个性，是正常的事，我们应该支持而不是否定。"

这次的心理辅导对家长有所触动，对小丽来说，就有了更合适的成长空间。通过心理辅导，小丽改变了决定，让担忧的父母终于松了口气。

在一些独生子女家庭里，孩子听得最多的是"人家的孩子多优秀""人家的孩子多听话"。要说因对比而产生压力，那压力还是在门外头。假如是一对孪生姐妹或兄弟，那么一个对另一个的影响是随时随地发生的，这让身在其中的一个没有任何逃避的余地。对父母来说，虽说"手心手背都是肉"，要"一碗水端平"，但就是因为想让两个孩子都优秀、成功，所以，他们就以爱的名义对弱者施加了压力。结果，这种零距离的对比，让两者失去平衡和默契，造成了双胞胎分歧性发展。因此，老师应让家长认识到双胞胎的不同，家长应肯定并支持双胞胎的个性发展。

14 遭遇变故后的成长
——如何引导学生应对亲人的离世

在接触小权以前，我知道他在学校里是赫赫有名的，因为他的一起轰轰烈烈的出走事件。他的叛逆和任性是有目共睹的，这样的孩子在成长的道路上可能有许多波折。没有料到的是，在九年级那一年，他爸爸突然离世，这对他来说，真是雪上加霜。

小权妈妈主动与我取得联系，因为她觉得小权不是很擅长表达，希望我能够给予支持和引导，让他能够顺利度过这段时间。

我觉得对小权来说，这是一件不得不面对的事。我特别希望能够给他帮助，陪伴他度过这段艰难的时光，但对他是否愿意接受我的帮助，我心里没底。

初次见到小权，我开门见山地表达了我的想法。他静静地看着我，点点头表示愿意。这个过程让他明白，心理老师的介入是建立在他愿意接受的基础上，而不是老师、家长的强行安排。当事人的主动求助对后续的心理咨询会有积极的意义。

遇到突发情况，很多人的本能反应是回避，不想去提及，不想去讨论，不善言辞的小权更是如此。但是一味地选择压抑，这样的防御机制既不能解决问题，还会消耗自己的情绪能量。所以，我想让他直面父亲离世的事实。

小权悲伤地告诉我，上六年级的时候爷爷去世了，当时也很难受。但是，在学校尽可能表现得很淡然："总不能因为家里发生了不好的事，而在同学面前表现出异样吧。"

虽然他只是一个少年，但已经有社会化的概念，知道在一些社交场合要克制自己的某些感受。可正因为如此，才需要通过心理辅导的方式，给他一个情绪宣泄的出口。

"爷爷和爸爸过世的时候，周围人开导过你吗？"我小心地问。

"开导过。他们劝我：'不要过分难过，事已至此，要面对现实。'"令人心疼的答案。

面对现实是对的，那是走向未来的必然。但是未来也一定是从过去、现在迈过去的。他内心深处对爸爸的那些感受，值得梳理一下。

"听得出来，你在很努力地面对这件事，特别不容易。假如把这把椅子当作爸爸，你有什么想对爸爸说的话吗？"我尝试用空椅子技术，让他打开话匣子。

他咬咬嘴唇说："没有。我不擅长表达。"

可能就是堵在心里不知道怎么说吧。

"有时候会想爸爸吗？"我尽可能不露声色。

"会！"他没有任何迟疑，但语气里充满遗憾，"不过，从七年级开始，我就很少和爸爸沟通，关系比较僵。"他沉默了片刻，继续说，"以前，我没完成作业的时候，老师对爸爸反馈后，爸爸非常生气。爸爸是被我气死的。今天想来我很自责。"

过往的冲突引发自责是一种自然的反应，可能也是预示成长的阵痛，但不能成为心中的包袱。我试着和小权分析，爸爸出意外和他无关，只是偶然事件。没有人是完美的，过往的那个他确实有作业未完成的情况，或有些不懂事的地方，但很多人都会经历这样一个过程。

第二次见面，他精神状态不太好。问起他这周的睡眠情况，他说总体马马虎虎，头天睡得比较晚。正好是头天小权的家人把他爸爸的物品做了处理。

"昨天和家人一起去把爸爸的东西烧了。家人边撕边烧，大家都比较沉默，烧完就走了。"一家人都有无法言说的离别之痛。

"你当时想些什么？"

他神情黯然："这两天家里人在整理爸爸的遗物，我也看了爸爸的一些资料，才发现自己一点儿都不了解爸爸。以前，他只和我说学习的事情，让我好好学习。其他的从来不聊，我也不问，从来都不知道他的工作和生活是怎样的。这些东西烧掉后，爸爸真的能收到吗？"

"我能感觉到你的遗憾和不舍。能说说现在你对爸爸的认识吗？"我试着让他梳理自己的想法。

"原来爸爸那么能干，可以说是设计天才！我特别想去看看爸爸设计的一些作品，去感受爸爸的想法。"

虽然很难，但是小权一直在努力调整自己。从一开始逼自己接受现实，到现在的各种不舍和怀念，他想通过这样的方式，留住爸爸在这个世界上的痕迹。我想，他是在内心和爸爸和解了，也有了一定的精神寄托。这让他突然长大，积极地去面对未来。

果然，当小权再次来找我的时候，他提出想和我聊聊自己该如何面对中考的问题。他把对爸爸的复杂情感暂时放在内心深处的某个位置，关注当下的重要任务——中考，也想通过优异的中考成绩来回报爸爸的期望。

对中考，小权更多的是后悔与担心。后悔曾经不懂事，后悔自己不努力；担心自己和别人的差距太大，担心自己不能考好。

一夜长大后面临现实的问题，任何安慰都显得苍白无力。但无论如何，带着希望坚持下去更有利于解决问题。因为确实有些人虽然一路波折，但最终结果如愿，就源于他们不放弃。

我们首先探讨了中考的目标在于正常发挥，而不要去想超常发挥，不必要的期许只会是自己的牵绊。在这个过程中，最磨炼心智的事情是，觉得自己考得还不错，实际上考试结果却不如意。在备考过程中最容易出现的是自卑、自责、失望等感受。所有这些负面感受都是可以理解的。但是，如果换一个视角呢？在中考前，各类出错的题在提醒自己需要加强练习。自我感觉良好，实际却并不如此，可能就是有知识漏洞，要感谢中考前暴露出来的这些问题。

在接下来的心理咨询中，小权又说到了爸爸。一方面，他仍然希望去了解爸爸的事业，并且也想往爸爸的工作方向发展；另一方面，又觉得自己做不到，因为自己没有爸爸聪明。这种因失去带来的想要追随，也是小权自我调节的一部分。但我提醒小权，他和爸爸不同，但他未必就比爸爸差。至于职业发展方向，这是一种可能，等他再长大一点儿，见了更多的人，经历了更多的事，想法可能有变化。

对自己的学习，他感觉还是在进步的。

"晚上做完作业，看着窗外有时会想到爸爸。这个时候会更坚定自己要努力的想法。"

"你爸爸知道你在努力，也会祝福你的。"

离中考的日子越来越近，积蓄的能量等待释放。我问小权："如果想对自己说些什么，你可以在这张 A4 纸上画下来或者写下来。"他告诉我最近听得最多的话是"加油"，就想写下这两个字。我顺势和他一起讨论了审题、答题的技巧。

"假如感觉自己准备中考的过程很充实，那不管怎样辛苦付出都是值得的。自己若想在学习上更进一步，将来在工作上朝着爸爸的职业方向发展，完全是有机会的。"我鼓励他。

这场变故让小权痛定思痛，好在他没有选择继续逃避或压抑，而是迎难而上。没有爸爸的庇护，他小小的肩膀要扛起更多的责任，要勇敢地成长为一个男子汉。

聆听手记

面对亲人离世的情况，个体本能地会出现各类身心反应，包括防御机制，以保护自身。一般来说，我们鼓励情绪宣泄，但是要因人而异，对不擅长或者不愿表达的来访者而言，给他机会去重新了解和认识离世的亲人，是一个很好的修复方法。比如，小权重新去看待自己的爸爸，把爸爸的职业当作自己未来的发展方向，并以此为动力。不足的是，我没有把妈妈这个资源纳入进来。

看到小权的遗憾，我觉得家长不能因为工作忙碌而疏于与孩子沟通，只是揪着学习的议题并不是沟通的全貌，相互了解、沟通是维系家庭关系的必要基础。小权只能带着这份遗憾成长了，我们芸芸众生还有机会好好珍惜家人，多了解一些，多体谅一些。

15 离家出走的女生
——如何引导叛逆的学生

曾经以为，离家出走的事都发生在新闻中，不承想，在自己上课的班级里居然也发生了这样的事，离家出走的是八年级的女生小欣。

我见到小欣的时候，她父母已经通过各种途径在某网友的住处找到她，并将她安全带回了家。其实，我对小欣的印象并不深刻，因为她一直是少言寡语的学生，很难想象她能做出这么惊人的举动。

我通过班主任了解了有关情况：小欣的父母是成功人士，一个创业成功，一个是单位部门负责人，他们对小欣可谓既宠爱有加，又有极高的期望。进入中学后，小欣的学习成绩很糟，基本是年级倒数。她性格内向，几乎没什么朋友。

"你能说说离家出走的原因吗？"我问。

"我去见了一个网友。"

"你是怎么认识这个网友的？"

"偶然点击了他的空间，比较喜欢他的风格。"

"什么样的风格？"

"很酷，敢做敢当。"

"那见面以后呢？"

"也是这样。"

"那你还比较幸运，这个网友还是比较真诚的。"

"是的。他不像身边的人那么虚伪。"

"这怎么说？"

"他们只盯着我的成绩看，只看我是不是把作业完成了。"

"我还是不太理解，这怎么叫虚伪呢？"

"虽然老师、家长都说学习成绩不重要，做人最重要，但是，他们根本不关心我的其他方面。"

"我听说你小提琴拉得很好，经常参加班级、学校的活动。"

"那又怎样？他们还不是照样瞧不起我！"

"同学们呢？"

"基本上也不太理我。我觉得主要是因为我成绩不好。"

"那你离家出走是为了向他们表达你的不满吗？"

"不是。"她很坚决地答复，"我是打算在工作上取得成就后再回来。"

"让他们看得起你？"

"差不多吧。"

"看来你是一个很要强的人。"她露出难得的笑容。

"为何去见网友呢？"

"因为他也有这种想法，我们想一起打拼，我相信我有这个能力。"

"你们打算做什么？"

"那一带有很多工厂，我可以去打工，不过还没去找工作就被爸妈找到了。"

"离家这几天感觉怎么样？"

"既刺激又害怕，不用学习的感觉很好，就是第一次离父母那么远，有点儿慌。"

"你为什么把手机关机？"

"我怕被他们找到。"

"突然离家，你父母有怎样的感受？"

"不知道。"

"猜猜看呢？"

"比较着急和担心吧。"其实，她能够理解她父母的心情，只是心中不服气的情绪太强烈了。

"你很想突破现状，所以就无所顾忌了。你特别希望让父母为你感到骄傲。"

"是的。"

如此单纯的中学生，把社会想象得如此简单，心中的不服气既是一种动力，又可能是一种破坏力。所幸，她遇到的网友还算靠谱，否则后果难以想象，但是怎样才能让她明白这点并且有意识地防范呢？可能还是要把"不服气"作为切入点，挖掘深层的原因并且让它发挥积极的作用。也许是因为我并不像其他人那样对她进行"审问"，所以，她答应会再来找我交流。

第二次做心理咨询时，她终于愿意和我分享一个秘密——她总是有深深的自卑感和无能感的缘由。

"老师，上次您说我心中不服气，实际上我确实很生气，气那些因为我学习成绩差而瞧不起我的人。"

"嗯。"我鼓励她继续说下去。

原来，小欣在幼儿园升小学的时候，未上过任何衔接班。上小学一年级时，与同龄人相比，她在接受各类知识方面略显劣势，经常出现老师讲解的没有听懂、提问时回答不出来的情况。数学老师觉得她不认真听课、态度不好，一气之下罚她到教室外面站着。几次之后，小欣变得越来越少言寡语，反应迟缓。二年级的第一学期，她几乎都是在教室外度过的。当时，班里的很多同学都笑她是傻瓜。

我任由小欣无所顾忌地哭诉这段不堪回首的经历。待她慢慢平复后，我问小欣："除了伤心还有什么感受？"

"老师为什么这么对我？同学为什么这么说我？"

"你现在对他们有什么要说的吗？"

她沉默了一会儿，说："为什么这么对我，这不公平！不让我上课，我只能越来越差。为什么还骂我傻瓜？我骂他们傻瓜，他们开心吗？"

"你爸妈知道这个事情吗？"

"他们不知道，就知道批评我学习成绩怎么总是那么差，怎么那么不努力！"

"持续了多久？"

"到四年级换了老师后我才终于能正常进班级上课了。"

"同学们还那样叫你吗？你的学习情况呢？"

"基本上我都不和他们说话，学习成绩一直也就这样了。"

令人唏嘘的是，小欣在小学阶段经历了那样的孤立无援，那样的挫败无助。而这一切早已让她在心中种下自卑的种子，年级越高，学业困难表现越明显，自卑感也就越来越强烈。

第三次做心理咨询时，我们一起厘清青春期的心理状态——逆反。逆反和自卑的交织助长了她心中的不服气，导致她采取了离家出走的极端做法。

"到了八年级，物理学科我一开始学得还好，慢慢地，越来越难，觉得很费劲儿，心里很不开心，就开始上网聊天，跟不同的人诉苦。"

"你比较信任这些陌生人，是吧？"

"也不是，就是觉得说了也没关系，他们不知道我是谁。"

"怎么会去见这个网友？"

"他和我很像。一开始我们也没这个打算，有一段时间没联系，后来才有了这个计划。"

"怎么会没联系？"

"因为我把手机带到学校，老师没收了我的手机，爸妈把家里的网络断了。"

"所以你对此很愤怒？"

"嗯。我曾经通过不回家的方式抗议过。"

"你之前离家出走过？"

"嗯。"

"老师和家长有什么反应？他们的反应好像并没有让你安安心心地继续学习。"

"他们就找我谈，让我对自己有信心，要遵守校规，要收心，所以手机要交给老师保管。可是我怎么能有信心？"

"你觉得现在的老师和同学有没有看不起你？"

"说不好，就是我自己看到这个成绩觉得很差。"

"也就是说，你内心的自卑感很强。"

"可能是吧。"

"小时候的经历让你产生了自卑感，中学学业压力的增加进一步加剧了这种感觉。只是，进入中学后，你觉得自己长大了，不想再'逆来顺受'，说得直白点儿就是逆反了。"

"嗯，凭什么成绩好的同学可以带手机？"

"你确定吗？成绩好的同学带了手机？"

"好像大家都带。"

"看来是气话，大家都有和陌生网友聊天的经历吗？"

"他们担心我学坏。"

"也许只是担心你被骗。"

"哦。"

"你会不会把对小学老师的愤怒扩展到其他人身上？"

"不会。"她一口否定。

"我为什么说你'扩展'呢？你说了老师和家长暂时没收你的手机主要是因为你违规带手机到学校，而且确实和陌生网友聊天，这可能有风险。小时候你被老师那样对待，你很害怕，根本不知道怎么办。但是现在你有很强的逆反心理，会下意识地想向他们宣告你有能力处理好自己的事情，包括网上交友。也就是说，你感受到的又是'被欺负'。实际上，他们可能只是担心你。"

"好像是的。"

"不过，与其说你是向老师和家长挑战，不如说是向那个弱小的自己宣战，希望自己变得有信心，有能力。但一定要通过这样的方式吗？有没有其他没那么大风险的方式？"

小欣若有所悟，却不言语，我觉得需要和她爸妈好好谈一谈。

一年后，我遇到小欣的妈妈，她告诉我经过那次事件后，她不再强迫小欣一定要考上好高中了。现在，小欣在一所职业技术学校学习，比较喜欢自己学的技能。我衷心地希望小欣能够在自己擅长的职业领域取得成绩。

聆听手记

小欣在小学阶段的遭遇真是令人无法想象且让人感到心疼，而她的父母一直处于评判者的角色，根本不了解她的经历和心理，这无疑加剧了她的孤立无援。在年幼的时候，她只能默默承受，自我消化，让自卑的种子深深扎下了根。在慢慢长大的过程中，她带着这种伤痕生活、学习。青春期的到来令她的自我开始觉醒。她使用手机上网聊天，以此排解自己压抑的情绪，展示自我的能力，甚至离家出走。家长不能只顾孩子的学习成绩，而应该与孩子深度沟通，理解孩子的真实需求。

16 划伤手臂的女生
——如何帮助学生克服内疚心理

教师节这天，我收到一条微信："老师，今天下午 3 点您在学校吗？我回学校看您，小蓓。"

瞬间，小蓓的模样跳入我的眼前：个子矮矮的，扎两个麻花辫。在和她接触的那段时间里，她动不动就冒出这句话——"对不起，让您失望了。"

初次见面的那年，她读七年级。她带了一个好朋友一起来做心理咨询。我建议她们单独来，因为心理咨询要注重保护隐私，或许是彼此要壮胆，或许有其他原因，她们决定抱团到底，我只好由着她们。

小蓓第一次来的时候，流露出令人担心的念头："希望老师提供几个控制情绪的方法，让我控制一下自己，要不然真不知道自己会做出什么事情来。"她非常直接地表达了来做心理咨询的目的与诉求。很显然，小蓓认为老师可以给她放之四海而皆准的情绪调节方法。实际上，心理咨询师只有在和来访者共同剖析问题本质的前提下，才能找到让问题迎刃而解的方法。

小蓓有些支支吾吾，倒是她的好友让我了解了更多的情况。小蓓爸妈都在重点大学工作，爸爸是博士、副教授，妈妈是学校里的普通职工。妈妈对她一直很严厉，对她学习的态度、平时的交友等都很关注并会提出具体要求，脾气有些急躁，不满意就动手打她。对此，她很不开心。

"妈妈总认为生活中没有好人，总在我耳边说单位里这个人不好，生活中那个人不好，我感觉很烦。我觉得事情并不是像妈妈说的那样，很不喜欢她这样言过其实。"她冷不丁地冒出了这些话。

就目前情况来看，主要是小蓓和妈妈的关系出现了问题。一方面，小蓓进入了青春期，对妈妈的严格管教产生反感；另一方面，小蓓建立了自己的朋友圈，可妈妈抱怨没有好人的言论和她的意见显然相左，由此她滋生了对妈妈的不认同感。为了避免她选择过于极端的方式，我和她拉钩约定绝不伤害她自己。不过，我觉得需要创造一些让她发泄情绪的机会与渠道。

第四次做心理咨询时，也许小蓓被我的真诚打动了，对我有了一定的信任感，她提起了这样一件事。

"其实，我的痛苦不仅因为妈妈对我不理解，还有爸妈经常吵架。"

"他们吵架的时候，你有什么感受？"

"我很紧张、内疚……"

"内疚？他们吵架是因你而起的吗？"

"差不多。每次吵架多半是因为我不优秀。爸爸指责妈妈没有教育好我，妈妈就说爸爸光顾自己的事情，根本不管孩子，不管这个家。骂着骂着，他们就动起手来，家里一片狼藉。"

"你很害怕吧？"

"是的。我怕他们互相伤害。如果我能够像他们期望的那样优秀，他们就不会吵架了吧。"

实际上，小蓓不明白，爸妈只是在处理他们的问题。这些问题也许是他们看待事物的观点有差异，他们的性格有差异，或是他们的沟通模式有差异等。也许，她表现出来的不优秀只是他们采用这种指责模式的托词。她若很优秀，说不定他们会采用另一种伤害模式，如冷暴力。像她爸妈一样的家长也许不明白，正是自己在孩子面前这种无所顾忌的指责、谩骂，在孩子心中种下了"恐慌""内疚"的种子，而这会阻碍孩子健康成长。

当小蓓第五次来做心理咨询时，我看到她手臂上包了一些纱布，问她怎么回事，她支支吾吾了许久，终于在我的坚持下把纱布揭开了。手臂上一条条划痕分明是她用剪刀划过的。

我问小蓓怎么这么冲动伤害自己，她回答："我以为您只是让我答应不自杀，不知道还包括这种行为。"

她担心我把这些情况告诉老师和家长，我要求她不再做出任何类似的、伤害自己的事情，才会恪守保密原则。从她的回答来看，她还是信守了对我的"安全承诺"。事实证明，确实如此。

情绪稍微平复后，她才告诉我："爸妈又吵架、打架了，我只是劝架而已，为什么最后受伤害的总是我？但我决不会在他们面前哭，所以事后躲在房间里越想越气，越想越委屈，忍不住用剪刀划了自己。因为答应过你，所以我只是划而没有去割。"

"既然你已经答应我了，那你一定不要再做任何伤害自己的事情。"

"好吧。"

"为什么说最后受伤害的总是你？"

"他们吵完，打完，最后总对我说：'我们两个那么聪明，怎么你这么笨！笨也就算了，怎么不知道多用心，笨鸟先飞，多做些题目！'"

"也许他们的话伤了你的自尊心，所以你在心情很低落的时候就选择了这种伤害自己的方式。"

"只有身体痛了，我才能暂时忘却心里的痛。"

"所以，一定要警惕，不要形成这种习惯性的反应方式。你采取这种方式也许可以减轻心里的痛，但是，若有其他更好的方法能达到这样的效果，为什么不用呢？"

"我试过跑步、听歌，没用！"

"还试过其他方法吗？"

"有时候在纸上乱涂乱画，然后把纸撕了。"

"乱涂乱画和划伤自己在本质上都带有破坏性，只是前者对自己、他人的不利影响是最低的，不是吗？而且，你也可以找我，对吗？"

当小蓓第六次来找我时，她的朋友告诉我，小蓓希望我做她的干妈。原来小蓓与好友打了赌，要向喜欢的老师"表白"。

"移情"，我的脑海里闪过这两个字。移情是精神分析疗法的一个术语，是指把对某人的态度或情绪转移到另一个人身上，或把自己的主观情感转移到客观对象上。有时候，移情有积极的价值，能使来访者对自己的过去有更加深刻的认识和领悟。从类型上来看，来访者表现较多的是依恋性、恋爱情感等。从小蓓的表现来看，应该是依恋性的移情。她内心渴求父母耐心对待她，但她父母均比较急躁，我却可以满足她的这种需求。为避免她做出自伤的行为，对我在一定程度上的依赖能够让她听得进去我的话，从而不任意伤到她自己，我答应她"上课是你的老师，下课是你的朋友"。就这样，小蓓在中学阶段有了我这样一个"大朋友"，有烦恼的时候找我倾诉就成了她的习惯。

当小蓓第七次来到心理咨询室看我时，她已经出落成一个落落大方的姑娘了，和我高兴地诉说高中多姿多彩的生活，对我抱怨同学关系复杂，但是再也没听到诸如"对不起，让您失望了"之类的话。显然，她已经开始用宽容的心态看待生活中的不如意，不再固执于没有办法就伤害自己了。

聆听手记

一直在回忆，在给小蓓做心理咨询的过程中，我是在做心理咨询吗？也许更多的是陪伴，耐心的陪伴，没有任何偏见的陪伴。好在我有惊无险地处理了奇妙的移情。不太确定的是，当时小蓓一直不允许我联系她的家长，我尊重了她的意见，这是否正确？也许家长沟通模式的微小转变都可能会给她带来其他微妙的变化。

第 3 辑

学生人际交往背后的心理密码

　　学生的人际关系通常比较简单，一般只涉及亲子、师生和同伴关系。家长和教师需要重视诸如学生的逆反心理问题、学生被排斥或自我疏离问题、异性或同性适度交往等问题。总的来说，家长和教师要协助学生发展良好的人际交往能力，丰厚学生的素养。

1 物理老师"总和我过不去"
——如何引导学生改善师生关系

这天，八年级男生小宁被德育处的老师"拎"到了心理咨询室，他的脸上露出一副无所谓的表情。他思路敏捷，知识面广，作为语文课代表工作比较负责，得到老师和同学的认可，平时与同学相处非常和谐，但办事有时缺乏原则性，易庇护好朋友的过错，喜欢"行侠仗义"，把本不是自己的责任往身上揽，为朋友开脱责任，因此赢得了一些同学的认可。

"能说说今天发生什么事了吗？"我问。

他挠挠头，说："我跟物理老师顶嘴了。"

"你都说什么了？"

"我就说：'老师，你干吗总和我过不去？'"

"他怎么和你过不去了？"

"他上课的时候老提问我，老批评我。"

"你觉得除了物理老师，还有其他人总和你过不去吗？"

"没有。我和同学们在一起的时候都挺开心的。语文老师跟我关系很好，班主任对我也很好。显然是物理老师对我有偏见。这次物理考试我的成绩不理想，原因就是他监考。只要他在，我的大脑就短路，考试时原本会做的题目也变得不会做了。"

"看来物理老师对你的影响真的很大。如果任由这种状态发展下去，恐怕会有更糟糕的结果。你想过怎么办吗？"

"最好换一个老师！"他脱口而出。

"那是你们班级换一个老师，还是你自己换一个班级？相比之下，哪个可能性更大？"

"我们班级换一个老师的可能性不大，我也不想换一个班级，我在班级里挺开心的。"

"那好像只能你去适应物理老师了。你觉得还有其他好办法吗？"

他耷拉着脑袋不言语。实际上，按照情绪 ABC 理论，小宁在与老师发生冲突时表现出的情绪行为，显然与他对事件的解释和评价以及背后的认知与信念有关。因此，一方面，需要疏导他的情绪；另一方面，需要与他有理有据地辩论，以改变他对物理老师的不合理认知与信念。只有建立起合理认知，才能化解消极情绪，达到改善师生关系并最终提高相应学科成绩的目的。

他有点儿阻抗地说："您是说我想多了？"

"也不能说是你想多了，而是要去看这些想法中哪些是合理的，哪些是不合理的，要调整不合理的想法。"

他看着我不言语。我们一起捋了一下思路，冷静地分析在整个过程中都发生了什么。

首先，事件①——小宁上物理课时不认真听课，看课外书被老师发现，回答不出老师的问题，由此产生了认知①——老师为什么老是提问他，这是在跟他过不去，也因此引起了情绪和行为反应结果①——更不好好听课，上课讲话，与老师对立。

以上言行引发了事件②——老师批评小宁不听课、破坏纪律的行为，引发了认知②——老师为什么老是批评他，这是对他有偏见，由此产生了情绪和行为反应结果②——小宁不喜欢物理老师，只要物理老师在他就倒霉。

如此循环，不断恶化，引发了认知③——他考试没考好就是因为物理老师监考。

在这个循环中，我们看到，当诱发事件发生后，相应的信念会促使人产生某种消极的情绪反应，而这往往不仅停留在"事件—认知—情绪和行为反应结果"这样单一的层次上，而且会引发连锁反应，环环相扣。这个情绪和行为反应结果很容易成为新的事件而引发新的不当认知，产生新的情绪和行为反应结果。如果任由"事件—认知—情绪和行为反应结果"如此循环发展，最终将会导致无法预计的后果。

在此次事件中，小宁的不合理认知包括：

①上课没有认真听，老师不应该提问他。

②他若答不出问题，老师不应该批评他。

③考试时，他不喜欢的老师就不应该监考。

这些不合理认知反映出他以自我为中心的态度。因此，通过面质的方式纠正他的不合理认知成了当务之急。我从平日和老师们交流的情况看，首先，老师上课提问是随机的，而且是面向全体学生的，老师上课提问是很正常的教学行为。其次，在通常情况下，老师每节课请同一位同学回答问题的次数一般为一两次。最后，在日常授课活动中，老师有责任帮助学生纠正错误，批评是一种鞭策的手段。要说考试成绩不理想，就更需要正确归因，也许这主要与平时的学习积累有关。

"物理老师上课只提问你吗？"我需要澄清事实。

"也提问其他同学。"

"他们能回答出问题吗？"

"有的能，有的不能。"

"原因是什么？"

"听课认真的就能回答，没听课的往往无法正确回答。"

"看来老师上课提问是挺寻常的，并没有针对哪个同学。"

"好像是这样。"虽然不情愿，但他还是认同了这个观点。

"你觉得没听课的情况可能是怎样的？"

"比如，上这门课做另一门作业，有时候看看课外书，有时候讲讲话……"

"看来形式还蛮丰富的。"

他略显不好意思。

"你觉得这样做，对你的学习有没有影响？"

他停顿了一会儿，不情愿地说："有一些影响。"

"那么，老师发现了这种情况，在课堂上指出你的问题，提醒你注意，有什么不妥吗？"

"没什么不妥，可他为什么老批评我？"

"老师在课堂上叫同学回答问题，学生回答不出来的时候老师便会批评，对吧？"

"差不多吧。"

"看来他也批评其他人了。"

小宁沉默不语。

"我们来想想，老师批评的是什么？"

"没听课的人。"

"是批评没听课还是批评人？"

"没听课。"

"看来老师批评的只是没听课的表现而不是特定的人。"

"您是说老师没有针对我、批评我，是吧？"

"你自己再想想看呢？对了，物理老师监考时，考场里就你一个考生吗？"

"当然还有其他同学。"

"他们是不是也像你一样考得很糟呢？"

"不一定。"

"如果考得糟是因为物理老师监考，那么有人考得好又怎么解释呢？"

"可能跟他们平时认真学习有关吧！"

"看来你心里跟明镜似的，说物理老师影响了你的思路和发挥是开玩笑的吧？"小宁再次挠挠头不言语。

"退一步说，老师也是普通人，也会犯错误。因为对老师的某个做法不太认同就全盘否定老师，排斥他教的学科，你认为这么做明智吗？'师傅领进门，修行在个人'，老师负责教，学的效果如何好像更在于你，毕竟他不用参加中考。不过，你有没有觉得老师身上也有闪光点？"

"有时听听课，也觉得他上得蛮有意思的。可是，我现在就是不太喜欢他，您说我该怎么办？"

"你觉得呢？在生活中有没有这样的朋友，一开始看他不太顺眼？"

"让我想想。"

"如果有，那是怎么做朋友的？"

"我们班的学霸，本来以为他很拽，不太搭理人，但有一次问他一本参考书的信息，他居然很热心地告诉我，他家附近的一个书店有，能够帮我代买。"

"真不错！你觉得这是什么方法？"

"主动接近？"

"很聪明！那是不是你也可以主动接近老师，而不是消极地等待老师接近自己，与老师好好沟通？比如，可以问老师一些问题，你愿意试一试吗？当然，上好每节课就更不必说了。"

小宁终于心平气和地说："好吧，那我试试看。"

聆听手记

从小宁的例子可以看到，和谐的师生关系对中学生身心健康、学习状态有着重要而积极的影响。但有的中学生由于心理年龄小，可能会表现出以自我为中心的态度，对老师的批评心怀不满，甚至抵触。因此，老师要注意掌握和这个年龄段学生相处的技巧，更重要的是关注某些负面情绪背后的错误认知，并及时予以面质、纠正。只有这样才能防止学生陷入负面情绪和行为的旋涡中。

2 令人害怕的英语老师
——如何帮助学生调整期望值

在开学第一堂心理课上，男生小阳就用特别的方式引起了我的注意。他故意趴在桌子上，不论我组织什么活动都没有反应。在我关注到他后，他才慢慢地抬起头来。过了几天，他给我发了一条微信，说他一看到英语老师就有发抖的感觉。

我正思考这是怎样一种状态时，这天，小阳气喘吁吁地跑到心理咨询室，急切地问："老师，看到我的微信了吗？我该怎么办？"

我问："为什么特别害怕英语老师呢？"

"不知道。"

"你能具体说说感觉到害怕时自己的表现吗？"

"就是感觉老师要批评我了，手脚发抖。"

"面对其他老师呢？"

"没有这样的感觉。"

"那是从什么时候开始有这种感觉的呢？"

"刚开学两周时吧。有一次，因为没人给我发卷子，我就没做，英语老师就批评了我。我解释说不知道有卷子这件事，老师认为我强调理由，故意不做作业。"

"感觉自己被冤枉了。"

"嗯。"他的声音很小。

"老师可能没有了解情况，按常规对不做作业的学生进行了批评，有可能真是冤枉了你。"

"嗯。"这次声音有力得多。

"那么其他老师有没有批评过你？"

"有。"

"你的反应呢？"

"不害怕。"他斩钉截铁地答。

"你很看重英语老师的评价？"

"是的。"

"你希望英语老师对你有怎样的评价？"

"不希望她失望，但感觉总达不到她的期望。"

"你现在英语能考多少分？"

"70 到 80 分，在班级平均分以下。"

我心想，原来是因为英语成绩不理想而觉得令英语老师失望了，应该让他把心里积压的愧疚等负面情绪好好倾吐一下。

"试试对英语老师说一些话吧，把这个空椅子当作她。"

"不可能！"

我以为他怕泄露隐私，就和他讲了心理咨询的保密原则。

"不可能！"他还是那样坚定。

"那么把我当作她呢？"

"不可能！任何人都不能取代英语老师在我心中的地位！"是什么原因让英语老师在他心中的地位无可替代呢？我没有吱声，静静地等待他诉说。

过了片刻，他说："我感觉她就像妈妈一样。"

"妈妈在家里是什么样的情况？"

"平时我住校，周末妈妈就接我回家，爸爸在外地工作，大概两个星期回来一次。"

我决定和小阳在第二次心理咨询时，一起寻找他害怕英语老师的真正原因，也就是他内心真正的困扰所在。

第二次心理咨询的时候，我问："小阳，你怎么看待自己住校？"

"因为家离学校远，爸爸要出差，妈妈一个人忙不过来。"

"所以就接受了这样的安排，对吗？"

"不然怎么办？"

"你上小学的时候也是住校吗？"

"不是。"

"从小和爸爸妈妈生活在一起，上中学后突然住校，不能和他们朝夕相处了，你有什么样的感觉呢？"

"总会不自觉地想到他们，因为从小和妈妈感觉更亲近，所以想她更多些。"

"这就是一种不适应吧。你发现英语老师和你妈妈很像的时候，是什么感觉呢？"

"心里暗暗高兴，努力做好，想让她喜欢自己。"

这种情感可以叫作移情，因为住校不能和妈妈亲近，当有一位老师像妈妈一样，他会不自觉地产生一种亲切感，把对妈妈不能表现的情感转移到了老师身上。却因为一次疏忽，被老师发现并误解自己故意不做作业，这感觉如同妈妈不信任自己一样，觉得很遗憾，也很后悔。随着时间的流逝，在学习过程中，与班上其他同学相比，他表现一般，没有任何优势。所以，与其说是他觉得没有达成老师的期望，不如说是他心底深处觉得没有达成妈妈的期望。

"你妈妈对你的期望是什么？"我直奔主题。

他思考了片刻说："总成绩进入班级前 10 名。"

"你目前在班级里的成绩呢？"

"中等偏下。"他明显有些垂头丧气。

"你应该基础不错吧。全区优秀小学里的一批优秀学生来到这里成为你的同学，你的比较对象已经不是小学的那个群体了，但你的比较标准却没有变化。所以，不管怎么努力，始终进不了前 10 名。每次的结果都让你失落，总觉得达不到妈妈的期望，看到像妈妈的英语老师时，就会想到这点从而不自觉地紧张起来。"

他沉默许久，说："您是说我的期望值不合理，所以才害怕英语老师？"

"准确地说，是你的期望值不合理，你达不到，达不到后总给自己一个消极暗示，暗示自己又要让妈妈失望了。因为英语老师像妈妈，所以你把这种感受转移到她身上，见到她就不免紧张、害怕起来。"

"如果改变自我期望值，我就可以改变现在的状态吗？"

"完全有可能，不妨试一试。你觉得目前自己最有可能达到的水平是什么？"

"平均分以上。"他思考了片刻，小声但坚定地回答。

"嗯，小步前进，只要你坚持就一定可以达到自己的目标。关键是在实现目标的过程中能够让自己感受到，通过努力学习成绩有所提高，而且一定能越来越好。这样也就不存在让妈妈失望的顾虑，自然也就不会衍生出对老师的紧张感了。"

我与小阳分享了一个校友的故事。这位校友刚读初中时是班级中的后进生，因为对自己没有信心，对学习没有兴趣，所以常常自暴自弃，因此学习成绩越来越差，心情也糟糕透顶，产生了失落、绝望的悲观情绪。心理老师发现后，与他交谈，帮助他明确了恰当的自我定位，追求的目标不是简单地获得考试成绩优良的结果，而是做最好的自己，尽力实现自己能够达到的目标。在心理老师和班主任的帮助、家长的支持下，学习成为他的自觉行动。他上课认真听课，课后独立做作业，平时主动向老师和同学请教，通过各种努力，学习成绩越来越好，最后如愿以偿地考上了重点高中。

"老师谢谢您，我知道该怎么做了。"他很诚恳地向我致谢。

"还有一件事情我想问一下，心理课上为什么总看见你趴在桌子上？"

"嘿嘿。"他有些不好意思，"我想看看心理老师有没有耐心，能不能真的理解我。当我发现您弯下腰来和颜悦色地关心我时，我就决定了要把这个让我痛苦的秘密告诉您。"

"谢谢你选择信任我。"我笑着说。

聆听手记

在本案例中，心理老师面对的是一个喜欢趴在桌子上而不认真听课的学生。被老师细细询问后，小阳体会到了被尊重和被信任的感觉。心理老师没有任何先入为主的偏见，耐心地倾听小阳诉说自己的故事，听到他内心真实的声音，快速而有效地找到了他怕英语老师背后的原因。在聆听的过程中，老师把握契机，直击问题本质，帮助小阳了解出现问题的根本原因，把握改变的机会。所以，我们在面对似乎故意挑衅的学生时，一定要理性分析原因，也许，学生只是希望得到关注和帮助而已。

3 究竟要不要转学
—— 如何认识学生的逆反心理

　　一天早晨，一位女士打来电话说她女儿恨学校，要转学。夫妻俩不知道女儿内心的真实想法，想尽快、有效地解决女儿的问题，于是向我求助。

　　在这位女士的安排下，我见到了她的女儿天心，一名八年级学生。天心是个漂亮的女生，身材高挑、纤细，皮肤白净，十个手指上涂了粉红色的指甲油。按照《中学生日常行为规范》，这是不允许的。天心显然对我这个老师不信任，甚至还有一点儿抵触情绪。但随着话题的展开，她的话匣子也慢慢地打开了。

　　我开门见山地问："听你妈妈说，你在学校感觉不舒服？"

　　"其实也没什么，就是觉得班主任总是瞪我，很郁闷，有时真有点儿莫名其妙的感觉。"她直爽地表达了自己的态度。

　　"还有其他令你感到不舒服的原因吗？"

　　"没有。"她很肯定地回答。

　　难道仅仅是因为班主任瞪她就令她产生转学的想法吗？会不会还有其他原因，或者她在人际交往方面遇到了挫折？我需要探询清楚。

　　"在班里有好朋友吗？"

　　"当然有。我有四个好朋友。她们不像其他人的朋友，仅仅是帮着抄作业，而是会给我讲解、分析。但在朋友面前，我会表现得表里不一。"

　　我思量着，班主任真的会无缘无故地瞪她吗？是她太敏感还是师生关系"水火不容"？她最后一句话应该隐藏了一些信息。

"看来你的朋友都很正直、善良。不过，你说你在朋友面前表现得表里不一，能举个例子说明吗？"

"比如，有时候我被老师批评后很不开心，但表面上却显得一点儿事没有，毫不在意。"她真诚地说道。

"为什么要掩饰真实的感受呢？"我问。

"我不想让老师、同学看到自己受批评后的狼狈相，但经常会把这种不愉快的情绪带回家，向爸妈发脾气。有时候，把委屈和愤怒憋在心里，时间长了感觉很压抑。上次因为心脏不舒服，妈妈带我去医院检查，医生说是期前收缩。我不愿意再这样下去，我要转学，要离开讨厌的班主任。"

我在结束第一次心理咨询后查询了相关医学资料，了解到正常人也会发生期前收缩，心脏神经官能症与器质性心脏病患者更易发生。情绪激动、神经紧张、疲劳、消化不良等均可能引起发作。看来天心与班主任的关系让她产生了心理压力，并影响了身心健康。

经过向天心的同学了解情况我才知道，前不久，天心的手机被班主任没收了，她将愤怒情绪转变成对学校的反感和对班主任的排斥，继而要求转学。

天心目前正值青春期，最突出的表现就是独立意识和自我意识增强。随着青少年身体的迅速发育，思维能力的发展，社会接触面的逐渐扩大，他们不再像儿童时期那样完全依赖父母，崇拜老师。他们对外界的变化十分敏感，在成年人看来一些微不足道的小事，在他们的心里却能引起轩然大波。若有些师长对学生表现出来的独立意识感到惊讶和失望，或指责学生不懂事，或采用严加看管，限制其自由等对学生缺少尊重的做法，只能加深师长与学生之间的矛盾，可能促使学生采取过激行为。为了避免负面情绪积压而伤害身体，我让天心把我当成情绪垃圾桶，以后遇到不愉快的事情可以找我倾诉，我们一起分析情绪产生的原因，寻找化解矛盾的方法。她很乐意地接受了我的建议。

第二次做心理咨询时，天心对我说："老师，前天，班主任请我爸妈到学校了。"

"嗯，什么事情？"

"班主任建议他们给我转学。您说我该怎么办？"

"班主任只是建议，是否真正转学要考虑多方面因素。第一，你是怎么想的？你之前一直说想转学，是真的想转学吗？第二，家长会同意吗？你们会怎么沟通？以什么方式沟通？……"

我没有给出建议，只是让她和家人一起思考这些问题。她更希望或者更适合在一个怎样的环境里顺利度过，恐怕不是我能说了算的。我问起她对转学的看法。

她说："我还是想转学。因为换一所普通学校，我努力了能看得到进步，新学校的老师不会像现在的班主任这样对我有偏见，他们一定会看到我的成绩，对我的态度会更好。"

"如果很不凑巧，新学校也有类似你现在班主任的老师，也用这样的方式对你，你打算怎么办？"我问了现实的问题。

她沉默了许久，不确定地挤出来几个字："不可能吧。"

"在做出决定前，是不是需要先想明白你和班主任的关系是如何演变成目前这种状态的，确认一下究竟是班主任对你有偏见？还是你对班主任有偏见？或者你们相互都存在偏见？"这些问题虽然有些犀利，却能引导她认真思考后再做决定。

假如天心不改变自己的思维习惯或行为方式，在新学校里她可能同样会面临师生冲突问题，可能会产生更大的挫败感。

在我的建议下，一家人坐下来认真讨论，最终，他们选择了转学。其实，天心认识到了在目前的学校学业压力很大，而她很普通，又不甘于平凡。于是，她便以违反校规、顶撞老师的方式去刷存在感。特别是在跟老师起冲突后，她有意表现出来的无所谓令她在同学中颇有面子，获得了一定的关注。但这一切都无法消解因成绩不佳带来的挫败感，也无法缓解因逆反带来的无形压力，更无法缓解这种矛盾的情绪状态。

因此，学生为了缓解学业压力，选择适合自身的学习环境确实很有必要，要学会在遵守规则时获得自我控制力，建立更和谐的师生关系让心灵平静，选择真诚的同伴关系让情绪释然。我希望天心在新学校里能顺利地度过逆反期，成为独立而不固执，有个性而不任性的好学生。

聆听手记

　　在本案例中，转学既是一个理由，也是一个结果。转不转学都不重要，重要的是天心通过对转学的思考，学会遵守规则，学会控制，获得成长。学生需要更好地洞察自身的逆反心理。比如，喜欢与众不同，喜欢表现自己，喜欢引起别人注意；因违反学校或社会规则而感到愉快；对别人的批评很反感、易愤怒。这尽管是成长的表现，自我意识和独立意识都得到了提升，但过度的逆反心理对人的发展是有害的。帮助子女顺利度过逆反期，避免形成逆反心态，需要父母尊重子女，并与子女有效沟通。面对子女转学的问题，父母要努力了解实际情况，做出最佳选择。

4 爱上女老师的女生
—— 如何帮助学生厘清情感

一天，一个清秀的女生来到心理咨询室，看上去毫无神采。她告诉我，她叫晓白，前两天用刀片割伤了自己的手腕。

"进入九年级后，英语老师换了，我从心底里排斥他。您能替我保密吗？"她小心翼翼地问。

"原则上一定是保密的，除非涉及安全问题。"

"我喜欢以前的英语老师，现在遇到不开心的事，我还会给她打电话，但是这样做又感觉让她太操心了。"

"喜欢英语老师？"

"是的。自从英语老师不教我们班，我经常想她，想一些办法去见她。这周一，我想去她办公室做作业，她因为有会议所以拒绝了我。我莫名地感到很难受，就用刀片割伤了自己。我不知道自己为什么会这样做。如果不是她建议，我也不会来找您。"晓白断断续续地说完情况后，提出想在心理咨询室睡一会儿的要求。尽管这种要求有违心理咨询的常规，但面对一个自残的学生，我想给她一个安全的空间。

第一次心理咨询结束后，她主动要求留下我的手机号码，鉴于她有过自残行为，我应允了。没有想到的是，晓白同学主动预约做心理咨询，和我建立了心理咨询中的咨访关系，这令我感到很欣慰。

第二次做心理咨询时，她如约而至，一直说心情一团糟，昨晚她一个人在家，爸爸在外地，妈妈工作的地方离家比较远，10点多才回家。她很担心期末考试，却没有人可以说。

"能和我说说吗？担心些什么？"尽管很想了解她对英语老师的奇怪感觉，我还是打算先顺着她的思路走。

这一次，她滔滔不绝地讲述了她的担心：最好的时候曾经考过年级第250名，现在非常希望能够考进200名以内，但又觉得以目前的状态来看肯定有困难。第一，她不满意现在的英语老师，因为他没有关心过自己为什么考得不好。第二，上周做出自残行为后，晚上睡不好，早上起来的时候头昏昏沉沉的，上课根本听不进去。想过休学，向爸妈提过，但妈妈不同意。倾诉完毕她终于停顿下来，怔怔地看着我，也许是一吐为快后想看看我有什么反应。

"你主要是担心自己这种状态影响到学习，而这种状态又是多重因素导致的。一方面，因为喜欢英语老师，对换老师从心理上排斥；另一方面，又期望新老师能够关心自己，比较矛盾。在学习上，期望自己能有较大进步，说明你对自己有要求，这很好，只是现实与期望有一定差距，所以你既着急又失落，不知所措。在这种情况下几乎每个人都有这种反应，这是正常的，不必太担心。你这种自我伤害的行为是第一次吗？"我小心地试探。

"是第二次。"她淡淡地回答。

"第一次是什么时候？"我有些担心。

"大概是一个月前，我和班主任起了冲突。有时候我想，如果那次真的受伤住院我就能休学了。"

"同学或朋友知道你做出这样的行为吗？"

"不知道。我不想和同学说，不希望在他们面前表现出来。怎么说呢，我不希望自己的消极情绪影响到他们。"

"你挺善良的，但是能不能不要再伤害自己？"

"我不确定。"她低着头。

这个答案让人挺揪心的，但她也希望自己的心情能够好起来，这样才能投入有效的学习中。

放假期间，晓白打电话告诉我，她买了一本心灵鸡汤类的书，还和我商量怎样能把以前的英语老师约出来。

她为何想约以前的英语老师呢？我内心深处有着一份隐忧，也许她希望我能了解她。

新学期开学后，晓白主动预约做心理咨询。咨询一开始，她笑嘻嘻地摆弄其他学生已经制作好的沙盘，慢慢地表现出似乎要毁灭一切的样子。她一点儿一点儿地把沙子盖在一辆马车上，直到马车完全被埋在沙子里没了痕迹，然后就坐下伸手给我看她昨晚和两个星期前割腕留下的伤痕。我惊呆了，问她为什么又这样做。

"说不清为什么，就是觉得难过。"她木然地回答。

"肯定是有原因的，你能尽可能地说说吗？是因为什么而难过？"

"学习成绩一直不好，心情很差，回到家爸妈什么都要管，不自由。"

"其实，在这个阶段你排斥爸妈的管教是一种正常的心理状态，面对学习成绩，你心里既想提高又害怕不能提高，所以心情不佳。但是你发现了吗？你的思维是单线的，难过了就只想到割腕这个方法。"

"假如我出事了，谁会负责？我不希望您背负什么责任，所以以后不会再和您联系了。"

"你看你又单线思维了，自己出事了就会有一个具体的人来负责。实际上若真如此，你影响的将不仅仅是家长、我、前任英语老师、班主任、校长，还有班里的同学。你想想是不是？很多事情就是这样，可以选择从多个角度关注。你目前的困扰也是一样，可以从多个角度去思考。"我安慰她。

没过多久，令我意外的事情发生了，前任英语老师对我说晓白居然向她表白了！结果可想而知，前任英语老师明确地拒绝了晓白。

我正担心晓白的时候，收到她的消息："想告诉您，我想开了。您以后不用担心我了，我以后的状态会一直很好的，以前的事谢谢您。"

我拨打了她的电话，她用很轻快的声音回应，但我还是不太确信，她怎么突然就想明白了。我马上和她约好了再次见面的时间，又和她的班主任沟通，请班主任提醒家长关心晓白的状况。

再次见面时，我问她："你说'以后的状态会一直很好的'，能具体说说吗？"

她说想考重点中学，大学想选择心理学专业，毕业后想做心理医生。在鼓励她的同时，我思量着，她向前任英语老师表白失败的事情要怎么和她提呢。结果她屡次绕到沙盘游戏区，仔仔细细地摆弄沙子，希望留出湛蓝的底面，但期间多次重复，直至底面没有任何沙子。由此可以看得出来她内心有完美主义倾向，存在一旦发现不能完美化就宁愿放弃这种非此即彼的不合理想法，我不知道她在这个玩沙的过程中有没有觉察。在终于露出了湛蓝的底面后，她开始用沙子写字，非常仔细，重复多次。她写了前任英语老师的姓，在字的外圈画了一颗爱心，用相机拍了下来，然后将沙盘回归原貌。她是在用这种方式告别爱吗？一看时间接近晚上 6 点，晓白说了声"哎呀，晚了晚了"后便急急忙忙回家了。

之后，晓白不再提及喜欢前任英语老师的事，我也不曾过问。也许这只是青春期少女因为孤独而对有共同语言的女老师产生的喜爱之情吧。

中考前最后一天放学后，晓白来到心理咨询室，兴高采烈地让我在她的校服上签字。她说现任英语老师在她的校服上写下代表胜利的英文字母"V"，希望她可以在英语科目上发挥出色，因此觉得现任英语老师挺不错的……总而言之，她终于能接受现任英语老师了。

聆听手记

女生爱上女老师这种事看似非常荒谬，但作为咨询师，我并没有做出过多的批判和指导，反而获得了来访者的信任。青春期少男少女性心理的发展超前，可能会出现各种问题，比如早恋、依恋同性、向往年长异性（如老师）等，而晓白的表现是依恋年长的同性。晓白运用沙盘技术进行无意识对话后，她的这种情感慢慢地得到缓解，而把注意力放在如何制定合理目标、迎接中考上。摆脱学业和对老师情感的双重压力带来的困扰后，慢慢地，她危险的自残行为也终止了。

5 与老师"作对"的学生
——如何引导学生处理师生冲突

大年初一我收到一封邮件，是远在外国的学生小云发来的。除了祝贺新年外，最吸引我的是他身穿就读学校的校服，神气十足地站在学校门口的留影。让我高兴的是，他比刚留学时明显长高了，也成熟了。微笑中露出的是自信，眼神也变得坚定。

那年春节前，小云要去国外读高中，临行前他虽然踌躇满志，但内心难免有些担忧。因此，在出国前夕，他向我提出要求："老师，您能去机场为我送行吗？"我知道，相逢总是喜，离别常为悲，我更喜欢接风，而不太愿意送行。但面对小云的请求，我非常乐意地答应："我一定去机场送行。"我知道，他希望有朋友的鼓励、亲人的支持，不希望孤独地远行。

在机场，我看到他的父母来送行，他妈妈抹着眼泪一再嘱咐他，要照顾好自己，要处理好与他人的关系，有困难要主动求助等。他爸爸则站在一边默默地注视着儿子，一句话都不说。他见到我时，激动地说："老师，谢谢您，我会坚持的，我会努力的。"坚定言语的背后，隐藏着一份固执和无奈。

回想起来，我认识小云是在三年前的暑假。那时，刚读完初一的他，在妈妈的陪同下来到心理咨询室。进门时他那种不信任、不配合的眼神，让我立刻意识到这可能是一个任性的、逆反的孩子。

"我儿子叫小云，在学校总和老师作对，被班主任赶出教室到办公室反思。他一气之下把办公室的玻璃砸了。虽然手上流了很多血，仍不肯向老师认半点儿错。他的心理有问题吗？"小云妈妈焦急地问。

"发生了这么严重的事，你愿意与我单独谈谈吗？"我直接征求他的意见。

"谈就谈，我怕什么！"他很爽快地说。

"小云，今天是你妈妈让你来找我做心理咨询的，还是你主动要来找我的？"我想了解他是否有求助的愿望。

"当然不是我要来的，是他们逼我来的。"他肯定地说。

"他们是谁？"我问。

"他们就是班主任、我妈，还有我爸。他们都说我有心理问题，我看他们心理才有毛病呢！"他表达得非常清楚。

"他们逼你来，你就来，看来你是个很听话的人；我请你谈，你就谈，说明你是个肯合作的人。"我带着对他的肯定与欣赏说。

"我可从来没听他们这样说过。不过，您不听我妈妈唠叨而是直接与我谈话，我看您还不错。"他真诚地表达了内心的感受。

别看他年纪小，其实很机灵，能够察觉到我对他的尊重。

"我们先来说说你的学校、同学和老师，可以吗？"我想了解他在学校的人际关系状况。

"可以。我们学校是重点学校，我与同学的关系一般，与老师的关系嘛，有好的，也有不好的。"他比较圆滑地回答。

"学生与老师发生冲突是常有的事，有时错误的一方并不一定是学生。能具体说说和老师发生过的不愉快事件吗？"我想把问题聚焦在他与老师关系不佳这一点上。

他向我说了两件令他记忆深刻的不愉快事件。

"第一件事是刚进学校不久发生的。中午到吃饭时间了（学校安排学生在教室里吃营养午餐），我想先去洗个手再回来吃饭。结果因为跑得太快，不小心在走廊上撞了一位女老师，她手中的餐盒被撞翻了，我也滑倒在地。我忍着疼痛狼狈地爬起来时，听到她训斥：'你这个冒失鬼，哪个班的？'班主任闻声而来，见到我就说：'去，给老师赔礼道歉。'我饿着肚子，忍着疼痛，去办公室向老师道歉，她把我好好地教育了一番：'在走廊上奔跑是违纪的，你懂吗？以后走路要多长只眼，撞了别人要主动承认错误。'让我感到郁闷的是，对我的摔倒和疼痛，她既没有看到也没有半句安慰。她走路为什么不多长只眼？"小云带着委屈和不满的情绪向我诉说。

这件事师生的关注点完全不同。老师首先想到的是教育学生，而学生渴望的是心理关怀。由于老师采取了缺乏尊重和人性关怀的处理方法，导致师生关系疏离，让彼此留下遗憾。

"第二件事是有一次，外语老师让我们把当天上课的课件拷回家复习，我与几个男生不知道老师把课件存在哪个文档中，见老师没有取下 U 盘，我就把老师 U 盘中的'教学素材'整个文件夹都复制了下来，准备晚上回家好好复习。上了一节课后，只见外语老师惊慌地回到教室，急忙取下 U 盘问：'谁拷了 U 盘中的文件？'我与同学举手回答说我们拷了。外语老师严肃地把我们叫到办公室，让我们当场交出 U 盘，并立刻将 U 盘格式化。我们不明白她这样做的用意，表示不同意将 U 盘格式化。她愤怒地对我说：'你做了学生不该做的事，这是偷窃行为，你知道吗？'我不明白自己做错了什么，就反问老师：'什么是学生该做的事？我们偷了你什么？'班主任闻声赶来，逼我交出 U 盘，并当场删除了我的 U 盘中的'教学素材'文件夹。事后我才知道，外语老师把期中考试试卷的电子稿放在了那个文件夹中，被学生拷走了，就意味着试卷泄密，会导致严重后果。所以，她既惊慌又愤怒。但令我感到郁闷的是，U 盘是她自己粗心大意留在了班级电脑上的，我们并不知道里面有什么重要文件。她为什么不怪自己疏忽，而武断地要将我们的 U 盘格式化？她有什么权利销毁我的 U 盘中的文件？"

在这个事件中，外语老师迁怒于学生的"偷窃"行为，并用将学生的 U 盘格式化的方式来制止事态发展，这肯定是不合理的做法。学生在未经老师同意的情况下拷走了老师的 U 盘中的"教学素材"文件夹，也是不妥的行为。但在未知事实真相的情况下，学生对 U 盘被格式化的抵制行为完全是情有可原的。

师生的矛盾冲突是在双方缺乏信任、缺乏沟通的前提下发生的，如果老师能够在信任的基础上向学生解释原因，相信学生也一定能在尊重的基础上弥补过失，老师的疏忽和学生的失误都不应成为无法原谅的意外。

小云在初中三年里，确实多次发生与同学、老师和家长起冲突的事件。在老师看来，他是一个无法挽救的问题学生；在家长看来，他是一个性格偏执的孩子；在同学看来，他是一个自负又自卑的人。他渴望有人理解、接纳、欣赏他，想换个学习、生活和生存环境重新开始。无奈之下，他父母决定让他出国做小留学生。通过他父母的努力，他终于办完了留学的一切手续。小云不知道自己能否适应外国的学习环境，能否找到知心朋友，能否遇到理解自己的老师。所以，在静待出国的日子里，他的心情比较复杂。距离出国还剩一周的时候，他打来电话说，想来心理咨询室见我，一来想与我告别，感谢我两年来陪伴他成长；二来有件事想征求我的意见。我同意了他的要求。

"有什么事自己拿不定主意想找我商量？"我问。

"我想去看望初中时发生过冲突的老师。我想去表达我对她们的感谢，希望得到她们的原谅。"他好像一下子明白了许多道理。

"很好啊！老师见到你一定会很高兴，也会真心地祝福你在国外留学的日子里学业顺利，快乐成长。"我十分肯定地鼓励他向老师告别。

小云告诉我，上午他带着礼物，满怀信心地去见老师。老师说："你走吧，走得越远越好。你以为过去的事情，是说原谅就可以原谅，想忘却就可以忘却的吗？"他万万没有想到结果是这样，很沮丧地回家。

我安慰他，也让他明白，有的失误确实会在人的记忆中留下难以磨灭的印记。既然留下的伤害难以抚平，我们更要多创造美好的回忆，减少伤害。

聆听手记

这个小留学生的案例，听起来让人有一点儿心酸。这是一个帅气、聪明的学生，但因为在人际关系处理中出现了问题，特别是与老师"作对"，结果就惨兮兮了。在老师眼中他是个问题学生，在家长心中他是个性格偏执的孩子，同学认为他是既自负又自卑的人。对这样的学生，老师越训斥他越对立，家长越压制他越逆反，只有尊重和理解他，才能走进他的内心，在彼此信任的基础上沟通，才能取得良好的教育效果。

6 被同学排斥的女生
——如何帮助学生与同学相处

一天，我在学校食堂吃晚饭时，发现女生青青一个人坐在一张桌前低头往嘴里猛塞饭，似乎急着吃完。而就在临近的另一张桌子上，他们班的住宿生们边吃边聊，好不热闹。这么强烈的反差让我心疼，很自然地坐到了她的身旁，关切地问："怎么不加入她们？"她面露苦笑，沉默不语，匆匆离去，我满腹狐疑。

待我回到心理咨询室不久，微弱的敲门声响起，是青青。她很直接地问："老师，我可以进来吗？刚刚在食堂的情况您也看到了吧，其实我压抑很久了，犹豫再三还是决定鼓足勇气来找您。"

我既因她的主动前来而高兴，又为她所说的压抑而揪心。

她说："我有一种被排斥的感觉。她们总是三五成群的，我和她们聊不起来。如果我碰到不开心的事不会有人来安慰我，但其他人碰到这种情况的时候身边总有人去安慰。"说着，她的眼眶就红了。

"这种感受真的很糟。那你和班里走读的同学相处得怎么样？"

"和走读的同学倒是能成为朋友。"

"也就是说，只是和住宿的同学在相处中有些问题。你觉得可能会是什么原因？"

"我曾经问过住宿的同学为什么不接纳我，她们说我身上有很多缺点。"她一脸的无可奈何。

"嗯。"我期待她能够说说这些负面评价，以便和她一起分析。

"有的同学说，我考试成绩比较好的时候得意忘形，但我觉得开心是正常的，没有故意在她们面前炫耀什么。"

"你的成绩比她们都好吗？"

"应该是吧。"尽管是应该让自己充满自信的答案，语气却显得很落寞。

"你会怎么表现自己的开心呢？"

"就是笑得很开心，问问她们考了多少分吧。"

"她们还说了其他话吗？"

"没有。"

"你和她们相处的时候，还有哪些让你感觉不太舒服的？"

"本来有一个好朋友，但是这学期换宿舍以后我感觉她变了。她似乎不再是我的朋友了，没事麻烦我的时候，总是对我很冷淡；如果有什么事情想让我做，就表现得很热情。我不知道还要不要维持这份友谊。"

"你感觉被她利用了，是吗？"我一针见血地问。

她点点头："我不喜欢朋友只是有事的时候来找我。"

"你的意思是，如果是朋友，有事可以来找你，平时也要多来找你？那你有没有主动找她？"

"我比较被动。"她轻轻地回答，沉思了很久，"但我也有主动关心朋友的时候。有一次，有一个朋友考试考砸了，看她心情不好，我就主动关心她，可她却说'我只想一个人静一静'。她为什么拒绝我呢？"

"所以你觉得自己主动了却被拒绝了，自己被动了却被疏远了？"

"是的。现在都不知道该怎么办了，所以来找您。"很显然，带着"受伤心理"的青青陷入了思维误区。人际交往时如果仅仅被动应对，加上她成绩相对优异，这很可能让大家认为她心高气傲，无形中形成的"比较压力"让部分同学对她敬而远之。她和朋友彼此之间的包容度似乎不够，计较谁付出得更多，就容易产生失衡的心理。

一周后，青青如约来到心理咨询室，迫不及待地和我分享她的思考。她认为，人与人的相处重在互相理解。主动关心朋友，但不能强求对方一定给予积极回应，否则就好像是为了得到积极回应而去关心对方，这样做太自以为是，会让朋友觉得不舒服。朋友拒绝自己是有原因的——她要冷静思考造成考试失利的原因，或者是她不希望比她优秀的人去关心她，觉得这样会没面子，所以，以后主动关心别人时，也要看那份关心是不是别人需要的，不能强加给别人。

我没想到，青青对问题的剖析还比较全面，真是一个聪慧的孩子。

听到我的评价，她会心一笑，话锋一转："小学的时候，我是一个很宽容的人，别人要求我做什么，我都答应，但现在不想和以前一样了，我要活出自己的个性。"

"怎么说？"

"就像上次说起的，原先同宿舍的那个朋友。"

"哦，所以你现在对别人要求你做什么事情，都有一种不自觉的抵触情绪，对吗？因此对朋友，你就不太想那么全心付出，有求必应了。你觉得这才是有个性，对吗？"

"差不多吧。"很显然，她的困扰有一部分来自自我意识的觉醒。

心理学家埃里克森提出人的自我意识发展持续一生，它的形成和发展分为八个阶段，青青目前正处于"自我同一性和角色混乱的冲突"这一阶段，致力于思考"我是谁""我能做什么""我想成为什么样的人"等问题。实际上，她应该思考怎样有技巧地拒绝才能让自己更有力量，而不会因一直处于失衡状态而郁郁寡欢——表现在与人交往时被动、犹豫。

很多中学生在与他人交往时，可能存在一种错误观念，以为拒绝别人，对别人说"不"会对别人造成伤害，失去友谊。但遇到该说"不"时不说"不"，反而会因内心冲突而浪费很多时间和精力，影响自己的学习和生活。当然，也不能盲目拒绝，朋友之间互相帮助还是很有必要的，所以要根据自己的实际能力做出判断。在拒绝他人的时候，要先倾听。这样可以让对方有被尊重的感受，自己也能更清楚地判断如何帮助，能否帮助，当自己表达拒绝的立场时能避免让朋友觉得受伤。在说"不"的时候，要注意语气、态度，要以明确的事实坚定地说"不"。

又过了一周，青青说起一个烦恼，她觉得这也许是自己被排斥的真正原因。"爸妈对我的期望很高，特别是在学习上，所以我几乎一门心思地看书、读书、做作业，基本上都不太有机会接触网络或者电子产品，对同学中流行的很多东西都一无所知。"

"所以，你感觉无法跟她们聊共同关注的话题？"

"她们懂的很多东西是我不懂的，我不想不懂装懂，所以虚心地请教她们。这时，她们就毫不留情地嘲笑我落伍。慢慢地，我也不愿意多问了。我努力学习，在学习方面有越来越大的进步，但她们似乎对学习仍旧不在意。渐渐地，我们之间的共同话题就越来越少了。"

其实，不难理解，努力、上进、优秀的青青，成了其他住宿同学羡慕嫉妒恨的对象，慢慢地便被同学疏远了……而她正处在渴求同伴交往的阶段。她决定拓展自己的知识面，让同学和自己有一些交集，有更多的共同语言。但是我还是提醒她，在追求学业的道路上，要平衡好必要的付出和拓展知识面之间的关系——要在这份孤独中更好地发展自己，让自己成长，怀着美好的心情与能和自己契合的朋友相遇。

聆听手记

青青的困扰源于她处于"自我同一性和角色混乱的冲突"这个阶段。她处于一种矛盾挣扎的状态，既想保持独立的自我，又受到群体压力的影响，左右为难。她感觉自己和其他同学没有共同话题，这让她感到自卑，所以带着容易受伤的心与人交往。也正是因为这份自卑，令她没有勇气拒绝朋友的各类请求，于是内心逐渐失衡。所以，从本质上说，要让青青明白，也许是她的优秀造成了同学对她的排斥，对此不要害怕，要在孤独中成长。当然，适当地增加自己的知识面也是成长的一个方面。更重要的是，老师应帮助她学会有勇气、有技巧地说"不"，增强她内心的力量以面对各种情境。

7 孤独的女生
——如何帮助学生走出自我封闭的牢笼

"老师，我已经收到录取通知书了，谢谢您对我的帮助。"看到这条信息时，我心中感慨万千，发消息的晓晓必定是笑靥如花。

和晓晓的交流缘于一次偶然。某天中午，我穿过教学楼一楼的时候，看到一个在教学楼边徘徊的女生。出于安全考虑，我上前询问，花了很长时间才弄明白，她是七年级新生，学校正组织全体学生听专题讲座，她找不到自己的班级和讲座地点了，又找不到老师，一时不知道该怎么办。在交流中，她很少和我对视。我心里隐隐觉得，这是一个需要多关心的学生。

第二天，我向她的班主任询问相关情况，了解到晓晓的爸妈工作很忙，和她交流很少。晓晓从小由外公、外婆带大，他们很宠她，导致她自理能力极差。进入中学后，爸妈希望她住校，以便锻炼她的生活自理能力。

外公、外婆的宠爱可能既剥夺了她自行尝试和探索的机会，又让她缺失了心灵成长的土壤。从人的心理需求来看，她的内心其实是敏感而细腻的，一定渴求父母与自己多交流以得到关怀，也渴求与同学多交往以获得友谊。现在她可能出于自我保护的需要，选择用封闭自我的方式应对。在班主任的协助下，晓晓来到了心理咨询室，她落座后显得有些局促不安。

"班主任让你到这里来，你是不是觉得有些意外？"她的神色表露无遗。"我是学校的心理老师，来这儿并不是说你有心理问题……"我的话音未落，她更加紧张了。

"举个例子，如果你感冒了，会怎么做呢？"

她轻轻地回答："去医院看医生。"

"如果心里觉得不舒服，可以找心理老师寻求帮助哦！"她看上去略微放松了一些。

这次交流以我的讲述为主，即便我提议制作沙盘，她还是表示不愿意。直接交流行不通，沙盘过渡也不行，真让我一筹莫展。她在那个缺少沟通的世界里，有什么感受？是安全感、孤独感，还是麻木感？

在给她做心理辅导的过程中经历了一些波折，我听到了班主任对她无奈的抱怨：她总是出于各种各样的原因，出现作业缺交、漏交或漏做的情况，上课不专心，各科测验均处于班级末尾水平，但最突出的问题是不合群，说话、与人交流似乎有障碍，每次上课或做活动，都比别的同学反应慢一拍，跟在后面，郁郁寡欢。

晓晓再次来到心理咨询室时，眼睛红红的，破天荒地说出一句话："世界上没有一个人是我的朋友。"

原来，进入中学以来，她被同学们看作奇怪的人，成为被嘲笑的对象。她说这句话的背后该有怎样的心酸和难过！

我问："你觉得班级里有没有好一些的、没有嘲笑过你的同学？"

"我不知道，好像没有。"

我接着问："你们班里进行过大队委员候选人的选举吧，你觉得你们班谁最够格？"

"我不知道。"还真是启而不发呀！

我不死心："如果你投票，你最想投给谁呢？"

她看着我，不出声地动了动嘴唇，应该是一个同学的名字。

"说出来吧！我坚信有时候你虽然不说话，但一定有自己的想法。"

她终于轻声地说出了那个同学的名字，还向我介绍了她的情况："她是我们班的中队长，性格很好。"我心中一阵欢喜！这次她的话明显增多了，这个同学或许是一个资源。

"能说说她的性格怎么好吗？"

"说不上来。"

也不能强迫她非说出个一二三，我在心里打算请班主任安排这个中队长帮助她，毕竟她从心里并不排斥中队长。无法确定帮助的作用有多大，但至少能让孤孤单单的晓晓内心感受点儿温暖吧。

丢三落四常与家庭教养方式有关，比较常见于独立性差和依赖性强的个体。在幼年阶段，父母或其他长辈过度包办，导致儿童没有养成提前准备的习惯，表现得没有计划、没有效率。从晓晓目前的表现来看，一方面，她不适应中学的生活和节奏，所以才会频繁地出现丢三落四的状况；另一方面，外公、外婆的过度保护，造成她生活自理能力差，住校生活更加剧了她的忙乱感。她从小与父母缺少交流，与人交往时，特别是在新环境中，有种不安全感，表现为退缩、不说话。所以，晓晓主要的问题应该还是中学生活与学习的适应性问题。

为此，我再次和晓晓的班主任进行了沟通。班主任特别配合，每次上课，都请晓晓回答问题，只要她举手就会大力地表扬她，培养她的勇气。班主任与晓晓的爸妈保持联系，尽力说服他们尽可能多和孩子待在一起，要了解她内心的想法，不要一味地指责她。因为中队长也住校，就特别请她从旁协助晓晓整理自己的作业等。总而言之，我们集中各方力量给予晓晓充分的支持。我想，这一切应该能够给她温暖和安全感，会促进她融入集体生活。

我明白行为的改变并不是一蹴而就的事。作为心理老师，我不是要改变晓晓的性格，而是想促使她认识和接纳自己相对内敛的性格，这会增加她的自信，使其更快适应新环境。

当晓晓第三次来到心理咨询室时，我和她一起聊了聊内向性格的特点。概括地说，性格内向的人，不仅不是以自我为中心的，事实上可能还恰恰相反。性格内向的人并不是不爱交际，只是以不同的方式进行社会交往而已。性格内向的人只需要很少的朋友关心，但喜欢与亲密朋友联系，和朋友亲密相处。性格内向的人将很好的品性带到相应的集体中。这些品性包括高度集中注意力的能力，做出不寻常决定的意志力等。从本质上说，内向是一种性格特征，人们可以学着利用它，而不是对抗它。晓晓要求自己坐一会儿消化一下，我没有打扰她。

过了许久，她说："老师，我大概明白了。"

"嗯，怎么说？"

"我不是很善于表达，但我更能静下心来，这是我的优点。"

"如果你进入一个新环境，其他人都试着互相交流，这会不会让你感到不安呢？"

"没什么，找和我相似的人做朋友就好了。"

我想，她已经明白了不必去对抗内向的性格，而是要用好它。

临走时，她难得地露出一丝微笑，说了一声："谢谢老师。"

聆听手记

受祖辈照顾的孩子，独立性难免弱，加上与父母交流甚少，容易产生不安全感，从而用封闭自己的方式来保护自己。晓晓的情况就是如此，她对新环境的适应能力不够，所以显得格格不入。我把工作重心放在了如何调动她的资源即人际支持系统上，好在班主任起到了重要的推动作用。不过，在和她支持系统中的人员进行沟通时，老师一定要提供具体、操作性强的方法，这样才能得到最大的支持，更重要的是要帮助晓晓认识并接纳自身的内向性格，这样她适应环境时才更加富有弹性。概括地说，对起初交流困难的来访者，老师要耐心地选择切入点，要特别注意挖掘两方面的资源：一是来访者本身，鼓励悦纳自我；二是发现来访者的资源，充分协调资源从而全力支持他。

8 "为何被骗的总是我"
—— 如何引导戒备心强的学生

广播里播着动漫展的相关新闻，这令我想起了那个痴迷动漫的女生小芯。因为痴迷动漫，她早早地给自己制定规划：中考要考上某重点高中，因为上那所高中有去日本交流的机会，而日本的动漫在全世界的地位都是举足轻重的。

小芯前来做心理咨询也是因为动漫。落座后，她开门见山地告诉我："我很喜欢动漫，平时经常查阅相关资料并及时把它们记录下来，希望这样能够为我将来学习动漫做好充分准备。"

"听上去，你对自己很有规划并且也落实到平时的学习里，挺好的！你来找我有什么想求助的呢？"

此时的她像换了一个人似的，支支吾吾地说："有几个关系很好的朋友，她们知道我有专门记录动漫的本子……我担心她们发现了我记录下来的很多好点子。"

"有更多的人知道你有好点子，这不是一件快乐的事吗？"

"我担心她们窃取我的劳动成果，将我已经整理好的资料发布到相关平台上，到时候我再发布展示，动漫界会认为我抄袭别人，这会让我无法接受。"

"那你觉得除了这几个朋友，你还担心谁会这么做吗？"

"有时候，我甚至怀疑爸妈也这么做。"没有片刻思考，她便作答，而这个答案令人很吃惊，她连自己的爸妈都不信任，这种不信任感为何如此之强？仅仅是因为多疑还是一种病态？我提醒自己不要先入为主，但也要注意及时发现情况。

"还有其他人会这么做吗？"我想了解她不信任的对象是泛化的还是特定的。

"没有了。"她回答得很干脆。看来她只是对比较亲近的人产生了不信任感。

"你担心的事发生过吗？"

"目前还没有。我曾经明里暗里调查过朋友，没有。"

"那你爸妈呢？"

"他们一直反对我在动漫上花太多精力，有时候会偷偷翻看我记录的本子。"

"孩子到了青春期，不放心的父母总是忍不住去翻翻子女的'秘密小本'，这种情况并不少见。说不定他们对你在本子上究竟记录些什么比较感兴趣。你没有问过他们吗？"

"没有。"

"既然如此，恐怕猜忌父母会怎么做也无济于事，不如直接问问他们。"

事实证明，小芯的担心是多余的。为什么她总感觉父母、朋友会做出剽窃并发布她整理的资料来伤害她这样的事情呢？慢慢地，小芯把她内心的想法和盘托出。

"在动漫这件事上，我和爸妈的意见产生了分歧，关系因此变得很僵。他们想通过让我整理的资料和想法不被动漫界认可的方式，使我放弃对动漫的迷恋。我觉得只有看过我的记录本，并把我的笔记内容先发布出来才能达到他们的目的。"

"也许你高估了你爸妈对动漫界的了解，说不定他们连到哪里发布都不知道。比如，像我不了解动漫，就根本不知道上什么平台，如何发布。也许你也低估了你爸妈对你的爱。虽然他们不支持你，但他们肯定希望你能被周围人认可。"

"大概是吧。"她变得轻松了一些。

我话锋一转："以前有过类似的经历吗？"假如她这种过度担心不是病

态的，那就可能与她受伤的经历相关。那些未愈的心结藏在心底就成为影响小芯感知、判断及行为方式的因素。

"有！"她又开始伤心起来，"有时候我都无语了，为何被骗的总是我？"

"你的意思是？"

"我有好几次被骗的经历。"说起这些经历，她忍不住哭起来。

原来，小芯曾经有一个好朋友，两人几乎是无话不谈，她将心中的很多小秘密都和这个好朋友分享，对方有困难她总是尽力去帮助。本来想着和这个好朋友共同进步，但好朋友却莫名其妙地疏远了自己，和另一个同学走得很近。此后，她们没有过多交流，就好像变成了熟悉的陌生人。最令小芯受伤的是，她喜欢上班里的一个男生，但这个男生并不喜欢她。男生为了让他喜欢的一个女生吃醋，故意向小芯表白。令人匪夷所思的是，类似的情况发生了两次。在那个男生和女生之间，她就像个被愚弄的小丑。

青春期的女生情感很微妙，女生在与同性相处时，通常会不自觉地攀比，有时会很在意一些小事并放在心里不讲出来，从而导致好朋友之间产生误会，因此关系疏远。女生在与异性相处时，由于性生理的成熟，性意识逐渐形成和发展，会自然而然地产生一种喜欢接近异性的感情倾向，所以，会在心里对某个男生滋生好感。那份好感可能会让女生失去客观的判断力。

小芯有这样的受伤经历，让自己带着伤痕与人相处，会带来怎样的后果呢？

我告诉小芯有一项有趣的心理学实验，名叫"伤痕实验"。这是由美国科研人员做的一项研究实验。该实验旨在观察人们对身体有缺陷的陌生人，尤其是面部有伤痕的人做何反应。每位志愿者都被安排在没有镜子的小房间里，由好莱坞的专业化妆师在其脸上做出一道血肉模糊、触目惊心的伤痕。志愿者被允许用一面小镜子看看化妆后的效果，之后镜子就被拿走了。最后一步，化妆师表示需要在伤痕表面再涂一层粉末，以防止它被不小心擦掉。实际上，化妆师用纸巾偷偷抹掉了化妆的痕迹。

对此毫不知情的志愿者，被派往各医院的候诊室，他们的任务就是观察人们对其面部伤痕的反应。

规定的时间到了，返回的志愿者竟无一例外地叙述了相同的感受：人们对他们的态度跟以往相比粗鲁无理、不友好，而且总盯着他们的脸看！可实际上，他们的脸与往常并无不同，之所以得出这样的结论，是因为错误的自我认知影响了他们的判断。

原来，一个人内心怎样看待自己，在外界就常能感受到怎样的眼光。一个自卑的人，感受到的多是歧视的眼光；一个受伤的人，感受到的多是不友好的眼光。一个人若是长期抱怨自己的处境冷漠、不公、缺少阳光，那就说明，真正出问题的很可能是他自己的内心世界，是他对自我的认知出了偏差。这个时候需要改变的，往往正是自己的内心，而内心的世界一旦改善，身外的处境必然随之好转。

"小芯，你该如何看待自己曾经被骗的事情呢？"我问。

她说："谢谢老师。幸亏今天发现了心里的这道伤痕，否则以后我在与人相处时，会既感觉自卑又心怀戒备，让别人不理解也不喜欢。"

话说回来，若要修复小芯的伤痕，需要一段时间，她还要学会接纳自己，更要学会宽容别人。

聆听手记

刚刚接触小芯的时候，我担心她怀疑他人甚至到了病态的程度，这可是精神疾病的症状。好在我并未先入为主，而是耐心地顺着她的思路引导她，慢慢打开了她的心结，终于找到了罪魁祸首——曾经被欺骗的受伤事件。若一直带着这种伤痕，恐怕她的状态真的会演变为习惯性怀疑。人与人相处，信任与真诚是最重要的。

初中生看似单纯，其实内心的小秘密已有不少。他们十分敏感、脆弱，家长与老师要谨慎地对待他们的情感需要。有时，我们的疏忽会造成他们心中永久的遗憾和伤痛。

9 "花心" 的女生
—— 如何引导学生与异性交往

春天的一个早上，我刚走到心理咨询室门前，就见一个女生在门口不停地走来走去，看上去特别焦虑。我赶紧迎她进了屋："你一直在这里等我吗？有什么特别的事情发生了吗？"

没等坐下，她很认真地看着我说："老师，我怎么那么花心呢？"看来和这季节很相似，是关于情窦初开的话题。

女生告诉我她叫蕾蕾，上七年级，是体育特长生，最近喜欢上了一起训练的一个男生。"我喜欢看他奔跑，喜欢看他放肆大笑，觉得他很酷，超帅，超有个性。有时候，他的视线和我不期而遇，我就心跳加速，不好意思。"她羞涩地说。

"很正常啊！青春期的女生被有点儿酷酷的男生吸引。"

人际吸引是个体与他人之间情感上相互喜欢、依赖的状态，是人际关系中的一种肯定形式。按吸引的程度，人际吸引可分为亲和、喜欢和爱情。亲和是较低层次的人际吸引，喜欢是中等程度的人际吸引，爱情是最强烈的人际吸引。有很多因素会影响人际吸引，比如，能力、外貌、相似性与互补性等。而青春期的女生可能更关注酷一点儿的、体育好一点儿的帅哥。这种喜欢可能只是一种幻想，非常朦胧。一般的情况是，随着时间的流逝，慢慢地会从单纯关注外貌转向其他角度，如能力等。所以允许自己有这种幻想，好印象留在心中就很美，不必徒增烦恼，说不定过一段时间就会转变。

"真的吗？"她听完我对青春期异性交往特点的分析后，突然问。

"一般来说是这样的，有什么疑问吗？"我猜，这和她刚才说的"花心"有关。

"上个星期五，我收到一条消息，说他是小 A，就是我喜欢的那个男生。当时挺开心的，就和他聊了起来。可是第二天他竟然告诉我，他是小 B，不是我喜欢的那个男生。我认识小 B，他也是体育生，有时候我们一起训练。小 B 说他对我有感觉。面对这份突如其来的爱意，我很困惑。他每天给我打电话。因为我怕拒绝会令他伤心，也就没有明确说些什么。但不知道怎么的，这事被一部分同学知道了。他们总是起哄我们是一对。现在上课，时不时会想起这件事，根本没法专心学习，成绩更是不断下降。我在心里不停地问自己：怎么办？到底该怎么办？最近，我吃也吃不好，睡也睡不好，都是因为这件事。脑海里'早恋'两个字不停闪现。同学们起哄，使我觉得自己好像真的有点儿喜欢他。"

"你现在担心的是早恋，还是心底里隐隐对自己怎么喜欢小 B，不喜欢小 A 了存有不安和疑虑？"

"应该都有吧。我怎么会突然不喜欢小 A，而喜欢小 B 了呢？我有那么善变、花心吗？现在小 B 和我都有些喜欢对方，我们的学习怎么办？"

"听上去你还是一个很理性的、对自我负责的女生呢！"

她伸出舌头，不好意思地笑笑。

"其实，你知道吗？早恋这种说法本来就不正确。当你主动或被动地贴上这个标签时，心里就不自觉地产生了一种负罪感。"

"是的。"她似乎放松了些。

"就像我之前说的，中学生在生理和心理上都会发生巨大的变化，性意识也随之觉醒。他们很容易因为外形等很多因素而对异性产生好感，并且表现得不稳定。像你这样，之前似乎很喜欢小 A，现在似乎有点儿喜欢小 B。"

"这不是什么花心吧？"

"成年人可能会用花心去概括，但我觉得对中学生而言，只是你在与异性相处的过程中，发现自己欣赏的男生有怎样的特点。从长远来看，这是有益的，因为这会让你不断理清自己到底喜欢怎样的男生。"

"哦，这样好像还不错。"

"不过，现在问题的关键是如何去处理和对待这件事。"

她迫切地等待下文，急切地点点头，有些不确定地问："老师，您不会说要等长大吧？"

"看来你也了解过。"

"没有，老师和家长总这样说。"

"要不要等长大，你自己决定，但我们可以分析一下这个过程。喜欢是爱的基础，两者的界限时常很难分清。但爱并不单单只有相互吸引这种单纯的情感因素，它还需要责任、包容、关怀、义务，还有付出。而且爱情几乎都是以两个人为中心的，所以爱情并不简单，需要我们花大量时间、精力去努力经营、维系，更需要我们慎重对待。你刚刚说这份突如其来的爱意让你困惑，你觉得自己有这些能力来爱了吗？"

"好像不能说是爱情，喜欢多一点儿。哦，不是，我也不确定自己是不是真的喜欢他。"她低头回应。

"同学的起哄让你觉得自己喜欢他。起哄是一种怎样的心理呢？由于心智不成熟带来的对异性交往的好奇与敏感。你这个年龄段的同学，有时候会对其他同学的异性交往反应过度，这样既能满足他们讨论异性交往话题的需求，又能免去被人关注自己的尴尬。而被起哄的同学，在这种暗示下，也可能模糊了异性交往的正常界限。"

"我大概就属于这种模糊了界限的情况吧。"

"正常的异性交往是健康的诉求。一有交流就是爱情吗？"

"但他也说对我有好感。"

"这个是双方的。你觉得他有什么特点吸引你呢？还是如你所言，只是在同学们的起哄下感觉自己真的有点儿喜欢他了？如果喜欢一个人不是发自内心而是受外界影响的，似乎并不是真正的喜欢，你说呢？"她看着我不言语。

"而且，我记得你刚刚说因为你怕拒绝会令他伤心，你也就没有明确说些什么。也就是说，你和他的各种交流只是基于你的善良，不忍心伤害他。如果他因此误解了你，是不是对他伤害更大，对你也会产生更为复杂的情感困扰？"

"那我该怎么办？"

"其实，每种情感都有其不可替代的独特魅力。当我们在承受学业压力，感到疲惫的时候，同学之间包括异性之间毫无负担的友情倒是一份最为轻松、舒畅的情感。"我顾左右而言他。

蕾蕾说："这样想想，我确实不怎么喜欢他，得想个办法告诉他就做一般的朋友。老师，您给我点儿建议吧。"

"你能想到哪些？我们一起分析一下利弊，做个取舍。"她沉默了。

"态度模棱两可会带来一系列麻烦。如果对方不死心，纠缠不休，最终你还是不得不拒绝。还不如现在就直接表达拒绝的意愿，因为直接，不会给对方留有希望。但怎样做既能拒绝又能顾及对方的感受呢？这是需要技巧的，要清晰地陈述自己的立场与真实意思，但要提供一个真实的原因，尽可能使用正向的语言，态度要温和。"

她说："我不好意思开口。"

"直接拒绝一定是当面的吗？"

"那我给他发个消息吧。"

"可以。关键是要有技巧地表达清楚。我们试试吧。"

她思考了一会儿，说："我不确定自己是否真的喜欢你，只是大家说得多了，我又享受这种被人喜欢的感觉，所以，我没有明确表态，但是这样对你是不公平的。我需要再长大一些，慎重地对待这样的事，才能明白自己的心意究竟是怎样的。我想对你说：'我们做一般的同学吧！'"

"真棒！我一直很欣赏能和男生保持良好友谊的聪慧女生，也希望你是一个聪慧的女生。"

"那在与男生交往的时候需要注意些什么吗？因为有时候同学们的反应会过度。"

"过早的一对一交往容易分散自身的注意力，可能会导致自我封闭，集体意识减弱，这必然会影响学业，损害身心健康。但正常的交往其实是必需的。不要顾忌同学的议论而刻意疏远，也不要因为不好意思而过分拘谨，要坦然自若，落落大方，保持一定距离，包括心理和物理距离，既不伤害对方的自尊心，又不卖弄自己，令人生厌。"

"老师，谢谢您。"她轻松地走出了心理咨询室。

聆听手记

蕾蕾的状态是非常典型的青春期情愫懵懂的表现。贴上"早恋"和"花心"的标签都不利于她青春期心理的正常发展。因此，本次咨询主要是对这些错误认知进行修正：不存在早恋或花心，这只是一种正常的性心理发展特点。心理老师帮助蕾蕾不断认识自己，了解自己喜欢异性的什么特点，进而明白健康的异性交往是必要的，但要注意界限和分寸，一对一的交往有很多弊端，需要有明确的态度，要学会有技巧地拒绝。

10 "我是一个废物！"
——如何降低家庭暴力对学生的影响

时间已是下午四点半，一天的工作接近尾声。正收拾办公桌，准备下班时，我的手机铃声突然响起，一个男生主动约我做心理咨询。

不到十分钟，心理咨询室的门就被一个气喘吁吁的男生敲开。我一下子就认出来是小彬。去年我受邀去一所中学的七年级听课，当时缺少一把椅子，就是小彬从教室外帮我搬来椅子的。我刚要坐下时，他说："老师，有点儿脏，等一下。"说完，他用自己的衣袖抹干净椅子后才让我坐下。我当时很感动，多么淳朴的孩子！课后，我让负责摄影的老师，给我们拍了一张合影。

我热情地邀他进屋，又给他倒了一杯凉开水，关切地说："看你跑得气喘吁吁的，渴了吗？喝吧！"

他说完"谢谢"，就把整杯水一饮而尽。我很想尽快知道他急切找我的原因。"你怎么会有我的手机号码？"我带着疑惑问。

"上次您到我们学校给家长做'如何做一个合格的家长'的心理讲座，我在会场外听您的讲座时，看到大屏幕上有联系方式，就偷偷地记下了。"他不好意思地说。

"你找我希望得到什么帮助？"

"老师，我不想去学校，也不想回家，但我又无处可去。"说着，他的眼泪顺着脸颊流了下来。

"是什么原因让你不想去学校？为什么不想回家？"

"爸爸打我，说我是一个废物！"他终于忍不住放声大哭起来。

"那你妈妈呢？"

"前年与爸爸离婚后就离开家了，我跟着爸爸和奶奶一起生活。妈妈重组了家庭，我一般不去找她。"他哭得很伤心也很委屈。

"你爸爸为什么打你？打得很厉害吗？你奶奶见了没有阻止吗？"

"晚饭后，我正在看课外书，我爸过来非常生气地对着我吼：'还不抓紧时间做作业，看这种破书！'他一把夺过我手中的书，想要撕个粉碎。我不顾一切地去抢，他举起手猛地向我打来，边打边骂：'你这个废物，你去死吧！'奶奶见了说我不懂事，总惹我爸生气。我恨死我爸了，但又能怎么样呢？我不想让同学、老师看到我被打肿的脸，所以，我不想去学校。"无助的他说着说着声音就低了下去。

我真的很难过，一个无辜的孩子遇到了无理的爸爸和奶奶。孩子即便有问题，也不该采用暴打的方式！该怎么做才能帮助身心受到伤害的小彬呢？

"你爸爸打人肯定是不对的，老师想找他谈谈，你能给我他的联系方式吗？"我一边安慰他，一边采取行动。

小彬告诉了我他爸爸的手机号码。我当着他的面，立刻拨通了电话约他爸爸见面详谈，然后安慰他，希望他早点儿回家。

第二天下午，小彬爸爸来到心理咨询室，进门就主动地说："老师，我听过您的讲座，讲得很好。"他中等身材，相貌端正，一眼看上去无法把他与家暴者画上等号。

待他坐定后，我开门见山地提到了小彬被打的情况。"我知道，你一个人带孩子很不容易，工作不顺心，生活不如意，心情不佳时就把气撒到孩子身上。你想想，孩子长期受委屈，可能就会变得胆小、自卑和无能。既不想让同学看到被爸爸打肿的脸，所以，他不愿去学校上学；又不想看到粗暴、冷漠的爸爸，所以，他也不想回家。他能去哪里？找妈妈也不行，只能在外面闲逛，打发时间。孩子真是既无奈又无助，爸爸不爱，奶奶不帮，他怎么能够健康成长呢？"我耐心地开导他。

"老师，您说得对！我确实做得不够好，但他也真令我失望。我看他身体不够强壮，在医院配了膏方让他吃，但为什么他的学习成绩越来越差，脾气也越来越差？"小彬的爸爸也是委屈地抱怨着。

"对小彬来说，目前最需要的是什么？补心。对他来说，让他感受家庭的温暖，找回学习的信心才是最重要的。"

"老师，那我应该怎么做呢？"他急切地问。

我把小彬找来。爸爸用心抚摸他的脸，真诚地说："儿子，还疼吗？爸爸做得不对，希望你能原谅爸爸。"

我对小彬说："请伸出你的手，握住你爸爸的手，看着他说：'爸爸，我不恨你。我希望你以后不要打我，希望你鼓励我，希望你信任我。我不是废物。'"

小彬爸爸的眼中噙着泪花，小彬的泪水则静静地流下。最后，我向小彬爸爸提出两点要求。

第一，给儿子一个承诺："爸爸相信你，爸爸爱你。"

第二，给儿子一个拥抱，让儿子感受到温暖和力量。

当父子一起对我说出"谢谢老师"时，我感觉，小彬的信心在提升，父子间的怨与恨在慢慢消除。见了几次面后，我与小彬及小彬的爸爸分别交流，了解他们的反思与感受。

小彬说："老师，见到爸爸这样客气地对待我，我身上有种起鸡皮疙瘩的感觉，有点儿不习惯。但仔细想想，有这样一个温和的爸爸还是蛮开心的。看到爸爸变了，我也应该改变，好好读书，不再让爸爸操心。"

小彬爸爸说："老师，我承认在对待儿子的态度上是有问题的。我的暴力倾向是受我父亲的影响。我从小被父亲打是经常的事，他的行为潜移默化地影响了我。今天我在儿子身上表现出的暴力行为，大概也是在发泄我内心深处的压抑、愤怒和委屈。看到被打后的儿子，我发自内心地感到痛苦，一个有暴力倾向的爸爸影响的是几代人的行为。"

父子俩的变化让我感到欣慰，如果有机会我很想见见小彬的妈妈，也许从她的身上，既能找到小彬出现问题的原因，也能找到帮助小彬改变的力量。

想要成为一个合格的家长，并不是一件容易的事。虽说每个人都知道，爱自己的孩子是天经地义的，但爱的方式不同，效果也就截然不同。在教育孩子的方式上，有"虎妈"也有"猫爸"。但不管用何种教育模式，都要把握好以下几点：孩子需要引导而不是束缚，孩子需要尊重而不是侮辱，孩子需要勉励而不是训斥，孩子需要熏陶而不是说教。

11 "和爸妈没法沟通"
——如何引导学生与家人和谐相处

一天，一个男生走进心理咨询室，说："班主任让我和您沟通。"

我微笑着说："不错，你还能听班主任的建议，但是，不管怎么说是你主动迈进心理咨询室的门的。"男生打了个哈欠，精神不振。

"看来你睡得不好，上课受影响了吗？"

他懒洋洋地回答："上课时趴桌上睡着了，班主任就让我过来了。"

"为什么上课时睡觉呢？"

"听得无聊就睡了，但有趣的课我还是认真听的。"

"是因为听不懂才觉得无聊吗？你现在的学习情况怎么样？"

"很不理想。"他神情十分黯淡。

"目前你的学习成绩在班级里处于什么水平？"

"我是实验班的，但从七年级起，一直是班级倒数。"他很沮丧。

"我感觉你为此感到难过，越听不懂就越无聊，是吗？"他点点头。

"听得懂、有趣，认真听，100分；听不懂、无聊，睡觉，0分，这中间应该还有其他分值及其应有的表现吧。有时因为不听所以没懂，与听了但仍觉得没听懂的心理感受是一样的吗？"

"应该是不一样的。但想想反正听不懂就想放弃，注意力就分散了，身不由己地想睡觉。我知道这样做不好，但就是打不起精神来。"

"人有一种自我保护的功能，也就是给自己找一个合适的理由，想要证明不是自己笨才听不懂，而是因为没认真听，所以没听懂；想要证明不是自己不认真才不听课，而是因为课太无聊，所以听睡着了。这就是自我保护或者说自我逃避。"我说。他若有所思。

这个男生叫小庄，上八年级。我从班主任处了解到，小庄沉迷网络，每天都很晚才睡，在家时常常把自己关在房间内，拒绝与家长交流。

有个认识上的误区务必警惕，那就是随意给学生贴上"沉迷网络"的标签。有的家长和老师认为学生在网络上花费时间和精力就是沉迷网络。其实不然。沉迷网络通常指的是过度使用网络而影响正常生活的情况。例如，只愿在网络上跟人聊天，或是宁愿漫无目的地浏览网页也不愿完成学业和工作，甚至在没有网络的时候，就会焦躁不安、情绪失调，进而影响日常作息。我要慢慢走进小庄的内心，确认他是否沉迷网络，并寻找改变现状的方法。为了不让他反感，切入实质性问题需要寻找合适的时机。

小庄如约再次来到心理咨询室，我能看出来，他的精神状态依旧不好。

"一般几点睡？"

"11 点左右吧。"

"作业很多吗？"

"也不是。"他有些吞吞吐吐。

"会上上网，打些游戏？"我直接问。

"会忍不住玩一会儿。"他无奈地说。

"看来你上网影响了睡眠。你爸妈是什么态度？"我抓住时机追问。

"他们和老师都说，青少年睡眠不足会影响平时的情绪，也会影响生长发育，但我觉得没那么严重。"

"你是说白天会补上缺的觉吧？"

他不好意思地笑笑说："老师规定我 10 点前必须上床睡觉，但我总拖到 11 点以后。"

"那你爸妈呢？"我问。

他冒出一句："和爸妈没法沟通。"

看来的确如班主任所言，他和家长有较大的冲突。

小庄告诉我，家长对他严加管教，他有时不耐烦了就会冲他们吼。

"科学研究发现，晚上 10 点到凌晨 2 点是人体生长激素分泌的旺盛期。如果错过这个最佳时段，即使通过白天补觉的方式让睡眠时间总量一样，也会影响青少年的发育。"我说。

他自言自语："缺乏睡眠会影响我长高？不行，那太可怕了。"

我顺势建议他把握最佳的入睡时间，并和他探讨了时间管理的问题。

小庄第三次来做心理咨询时，主动和我提到这一阶段的睡眠状态，基本上能保证 10 点左右睡下，早晨 5 点左右起来背课文。

"真替你感到高兴，既能合理安排睡眠时间，又对自己有较高的要求。这样的话，你爸妈不会再因为这个问题和你生气了吧？"

"反正就是没法和他们沟通。"

"来说说你对父母的感觉吧。"

"妈妈对我的要求很严格。我的小学是在妈妈工作的学校就读的，简直就是在她的全面监控下度过的。小时候还没有特别的感觉，现在她说我的时候就觉得特别烦。"

"感觉有点儿没完没了了，是吧？"我故意夸张。

他有些不好意思，但不置可否。"爸爸经常带我到各处玩。我小时候他们经常吵架，而且吵得很凶。我觉得害怕，但什么事情也做不了。有时候，看到他们吵架了，就骂自己'怎么又惹他们吵架了'，总是想着怎么讨好他们，不让他们因为自己而吵架。"

"听上去你还是个体贴父母的孩子。"

"可是到了中学，他们就是看不惯我，感觉我一无是处，和他们在一起时根本就没有放松的心情。"

"小时候想办法尽可能让他们少吵架，长大了又想办法尽可能满足他们对你的要求。可是他们都没有来好好理解你，所以让你特别反感，根本不能静下心来和他们好好沟通，对吗？"

"最近两个月他们愿意听听我的想法了，好像比以前能理解我了。"

"看来也不是像你说的那么糟糕至极，对吧？我们来做一个评判，按 0 至 5 分，即不满意到很满意，想想，给他们打几分？"

"4 分吧，还算满意。"

"你觉得若他们给你打分，会打多少分？为什么呢？"

"应该也有 4 分，因为我琴弹得很好，棋下得也不错。"

"其实，根本没有无法沟通那么严重。不过，既然觉得彼此都只打 4 分，你希望他们在哪些方面有所改变？你又希望自己有哪些改变？"

"他们能保持愿意听我的想法就很好。如果老爸能在我希望他陪我下棋的时候多陪我一会儿就好了；老妈能少唠叨我一些就行；至于我，主要还是先养成健康的生活习惯，然后就是努力提高学习成绩吧！"

其实，小庄是一个思路很清晰的孩子，并没有沉迷网络，关键是他要养成良好的生活、学习习惯，兑现自己的承诺。我把小庄的想法通过班主任向他父母进行了转达。

听了小庄的班主任反馈意见后，小庄的父母改变了以往简单的指令式沟通方式。尽管小庄在学习上的落后状态并没有马上改变，但至少他对父母的态度有了改善，上网也只是他生活中的一种休闲方式。

聆听手记

对小庄这样的孩子，学习的无助与"低自我效能"是最容易引发连锁反应的：对学习提不起兴趣，上课状态不佳，注意力转移至网络，和父母发生激烈冲突，等等。

这时候，老师一方面要帮助他清醒地认识自我，学会合理安排时间；另一方面，也需要耐心对待他，更需要陪他客观地评判他的父母，消除不合理认知。在整个过程中，他的父母并没有直接参与到心理咨询中，但他们微小的变化却促使小庄发生了很大的改变，更多的耐心与理解比单纯的批评与指责要有效得多。所以，为了让孩子更顺利地度过暴风骤雨的青春期，父母还是要顺应孩子的成长需求，采用孩子能够接受的方式进行教育。这种方式就是以尊重为前提的沟通、欣赏和接纳。

12 "我妈才有问题！"
—— 如何做学生和家长沟通的桥梁

　　一天课间活动时，班主任张老师把一名男生送到了心理咨询室。男生虽然个子矮，但两眼有神，一副不服气的样子，似乎在用他的神情告诉我他没有问题。

　　"是你自己想来找我的吗？"我问。

　　"不是。"男生快速并肯定地回答。

　　"你觉得自己有问题需要帮助吗？"我耐心地问。

　　"我没有问题，她才有问题呢！"

　　"她指的是谁？"我带着疑惑问。

　　"我妈才有问题！睁眼说瞎话。"男生的语气中带着一丝愤怒。

　　我了解了一些情况。男生名叫果果，上八年级，对妈妈的不满主要有两点。第一，她经常向班主任反映他在家不认真读书。第二，她经常对他唠叨说："你看人家孩子多用功，多努力，多优秀。"

　　"我知道你既有困惑，也有委屈。我想见见你妈妈，你可以转告她，下次你们一起来谈谈，好吗？"我征求他的意见。

　　他默默地点头。我能感觉到他有顾虑。

　　"不要担心。我会让张老师说服你妈妈一起来，大家共同面对问题。"我肯定地说。

　　"谢谢老师，再见！"他一边说一边向外跑去。

　　一周后的一个上午，果果妈妈独自一人来到心理咨询室。为了不耽误果果学习，我让他午休时再过来做心理咨询。

果果妈妈刚一坐定，就迫不及待地诉说自己的苦衷："我儿子一直是一个乖孩子、好学生。学习比较自觉，不需要家长管着、看着，成绩在班上总可以排在前十名。但自从升入八年级后，完全像变了个人似的，学习自觉性没有了，成绩下降了，进自己的房间后就把门锁死。只要我不盯着他，他就看小说，玩游戏，就不好好做作业。我对他多说几句，他就用手捂着耳朵说：'烦死了，烦透了。'老师，我真不知道该怎么办了。"

　　"我能理解你的困惑，想管儿子，但儿子不听；不管，又怕儿子变坏。"我深有同感地说。

　　"您说得对，我真不知道该怎么办了。"她认同我的分析。

　　"你很辛苦，那他爸爸呢？"

　　"老师，不瞒您说，在这个家里就我管教儿子，批评儿子，做恶人。他们都宠着他，惯着他。"她无奈地说。

　　"他们是指谁？"

　　"我们是与爷爷、奶奶住在一起的。就这么一个孙子，两个老人对果果非常宠爱，生活上的照顾真是无微不至：吃水果削皮切块，吃鱼虾剥壳去骨。红领巾、饭卡、书包、文具样样都帮忙整理好，果果的独立生活能力很差。因为挑食和缺少锻炼，果果营养不良，个子偏矮，所以，他常常有自卑的情绪。"果果妈妈抱怨了一通。

　　"果果爸爸在家里是怎样的角色？"我再次提到了果果爸爸。

　　"他爸爸就是一个长不大的男孩，没有当爸爸的样子，在儿子心目中，没有威信。"她无奈地说。

　　她逐步意识到，强势的自己、长不大的爸爸、宠爱孙子的爷爷奶奶，家庭成员带有缺陷的教养方式对儿子产生了不良影响。进入青春期的果果，一方面渴望挣脱父母的管教，独立成长；另一方面又依赖父母，不愿自立。成长的纠结和亲子矛盾，令孩子与父母都变得无所适从。

　　中午，果果与妈妈见面后，我提议他可以向妈妈提三个要求，妈妈可以向他提三个希望。

　　果果对妈妈说："我希望你对我不要管得太多。"我让他说出具体要求，什么事情、什么时间、什么地方不要管，哪些事情、哪些时间、哪些地方可以管。

他思考后说："晚上做功课的时间不要管，周六休息的时间不要管。"

果果妈妈回应道："我担心你玩游戏，看电视，睡懒觉，所以要提醒你，限制你。如果你能够安排好学与玩的时间，我可以不管。"

我向两人提议，用两周的时间来做自控训练和自我鉴定。果果妈妈控制自己不多说，不多管，尊重和信任果果；果果控制自己守时，守信，学习时专注不分心，玩乐时尽情不贪时。

果果又对妈妈说："你不准骂人。"

妈妈对果果说："对不起，妈妈以后一定改，心急时不再骂人。"

我对果果说："你还有第三个要求可以提。"

果果说："如果妈妈可以做到这两点，我就没有要求了。"

果果妈妈感觉到，看似逆反、倔强的儿子，想要争取的其实并不是很多，最想得到的只是建立在尊重基础上的自主。

我提议，果果妈妈可以向果果提出三个希望。

妈妈对果果说："第一，学会生活自理，自己叠被，起床后和睡觉前刷牙。第二，控制玩电子游戏的时间，周六增加一小时体育运动的时间。"双方出现了僵持的情况。

我提议果果，出于保护视力和长身体的考虑，要合理分配活动时间和丰富活动内容，应该增加体育锻炼的时间。果果思考一会儿后，点头同意了我的建议。

果果妈妈提出的第三个希望是："在家不要把房门锁死，把门开着，我们互相督促，彼此信任。"果果同意了。

母子间的对话进行得比较顺利，但彼此的约定执行起来是否也会同样顺利呢？两个人决定尝试两周，相互督促检查，及时整改。

在第二次心理咨询结束时，我向果果妈妈提出，下一次心理咨询时让果果爸爸与果果一同前来。两人都赞同我的提议。

第三次心理咨询时，一家人一同到来。面对面坐定后，我向果果提问："在过去的一周里，妈妈的表现令你满意吗？"

"满意。"他肯定地回答。

我向果果妈妈提问："在过去的一周里，果果的表现令你满意吗？"

"满意。"她也肯定地回答。

我又问果果："你爸爸的表现令你满意吗？"

"不满意。"他轻轻地说。

"为什么不满意？"我问。

"爸爸在家不是看电视，就是玩游戏。"他不满地说。

我问果果爸爸："孩子说得对吗？"

他不好意思地说："我以后一定注意。"

对男孩来说，爸爸的影响很大。一个有责任心、上进心、幽默感的爸爸，才可能培养出优秀的儿子。解决爸爸的问题是处理这个案例的重要一环。

我对果果说："今天你也可以向爸爸提三个要求。"

果果高兴地说："我也提两个。第一，平时不要一直玩游戏、看电视，要做点儿有意义的事。第二，周末陪我一起锻炼身体。"果果妈妈在一旁鼓掌支持，我也表示赞同。

我对果果爸爸说："你可以向果果提三个希望。"

他想了一会儿，说："第一，希望你不挑食；第二，希望你坚持锻炼；第三，希望你平时能多和我们说说心里话。"

听完爸爸提出的三个希望，果果笑着说："我尽量做到，请爸爸监督我。"

聆听手记

经常听到家长抱怨"孩子越来越不听话""你对他说几句，他就嫌你烦，把房门锁死"。其实，有些问题并不都是孩子的错，在孩子身上一定有家长的影子和教

179

育失误的痕迹。在本案例中，果果的表现、果果妈妈的抱怨和无奈令班主任担心，心理老师主要帮忙解决两个方面的问题。

第一，做孩子与妈妈沟通的桥梁，让孩子敢于向妈妈提要求，在交换意见的过程中，学会规范他人，约束自己。

第二，帮助爸爸为孩子树立榜样，让孩子对爸爸说出希望。爸爸只有意识到自己的行为对孩子有很大影响时，才可能努力为了孩子而优化自己。

第 4 辑
学生异常行为背后的心理密码

学生的异常行为是一定时期异常心理积累的结果。人们对这些异常行为的关注反映了时代的进步。学生不需要有"病耻感"，只要运用恰当的药物，辅以适当的心理咨询或治疗，是能够将异常心理调节在相对合适的范畴的。大多数异常心理是生理、心理和社会等因素综合作用的结果。我们的目的不是杜绝异常行为，而是尽量减少其对学生正常生活的影响。学生比较常见的异常心理是抑郁、焦虑、强迫、多动，因为这些产生的影响在校园里更明显，而贪吃、异食等行为则相对比较隐蔽。为此，家长和老师既要早发现，又要寻求正规的渠道早干预。

1 狂吃巧克力的女生
——如何引导学生正确认识自己的体形

到了青春期，关注体形的少男少女都开始注意控制饮食，尽可能地想保持帅气、漂亮的身形。可是，女生小溪却是反其道而行之，她的"反"表现在狂吃巧克力上，目前她已经是班上最胖的女生了。

我在他们班一上完课，小溪就一路跟着我，急切地问："老师，您确定'环肥燕瘦皆相宜'吗？"

"确定。只要是在标准范围内，健康的胖和瘦都很美。"

她犹豫了一会儿，说："老师，放学后可以去心理咨询室找您吗？有些事情想和您说说。"

我欣然答应，心里却在打鼓：是不是今天上课的主题"环肥燕瘦皆相宜"戳到她的痛处了？

放学后，她如约而至，开门见山地问："老师，您觉得我胖吗？"

"主观的视觉判断并不可信，参照今天我们所讲的标准体重计算方法，你的结果如何？"

她支支吾吾半天，挤出了句："偏胖了吧。"

"那你自己怎么想呢？"

"我也觉得胖！"

"不过，影响体形的因素很多，你爸妈的情况如何？"

"不提了，提到他们，我就心生惭愧！"

"怎么了？"

"我爸高大帅气，我妈优雅靓丽。"奇怪，她虽然用的都是正向词语，却流露出一丝不易觉察的不屑，是父母的体形令她自愧不如，还是有其他暗含的冲突？

"遗传的条件不错。"

"我妈也这么说。"

看来直接的冲突应在母女之间："你妈妈都怎么说？"

"她说：'我和你爸基因那么好，怎么都没遗传到你身上啊？'"

"你妈妈经常这么说吗？她还说些什么？"

"很多，总之就是说我很差，什么都很差。"

"哦，我觉得这肯定让你挺沮丧的。"

"以前会，现在不会了。"

"怎么说？那你现在会怎么办？"

"她说我的时候，我就走开，到自己房间去，不搭理她。"看来母女冲突已经进入冷战抵触阶段，但并不比言语冲突阶段轻松。

为了进一步确认，我问："那你会在房间里生闷气吗？"

"我会吃巧克力。"她诡异一笑。

吃巧克力？这种糖分、脂肪含量都高的食品，与她偏胖的体形有关系吗？我思索着。"爱吃巧克力，还是只在这种情况下吃？"

"我爱吃，但我妈不让我吃！"她变得有点儿愤怒。

"为什么呢？"

"妈妈说她是营养学家，什么东西健康，什么东西不健康，她清清楚楚，所以在可以吃什么东西这件事上必须听她的。"

"你妈妈好像挺强势的。"

"是的。从小到大什么都要听她的！凭什么？"

"所以，你也不是多么喜欢吃巧克力，只是故意做你妈妈反对的事情来反抗？"我试探着问。

"我没有。"她大喊了一句，便哭了起来，哭了很久，很伤心。我没有阻止，默默地坐在她的身旁。

慢慢地，我就知道了小溪狂吃巧克力背后的原因。原来，小溪的爸妈都非常注意科学育儿方法。特别是她妈妈，因为有营养学背景，对她的饮食作息等各方面都十分注意。可是，不知道为什么，小溪从小食欲都不是很好，她妈妈便对她的零食严加控制，不允许吃巧克力。

可是，儿童对糖、巧克力等零食似乎天然地无法抗拒，小溪也是如此。即便她妈妈明令禁止，她仍会偷偷摸摸地吃，一旦被发现要么被妈妈狠狠地骂，要么被逼着把吃了一半的巧克力吐掉……

很长一段时间里，她总是在小心翼翼地"自我满足"，直到有一次，矛盾似乎白热化了，成为一个转折点。大约是在小溪上三年级的时候，她的发小从国外给她带来了一份礼物——一盒精致的巧克力。她不舍得吃就把它收了起来。每次打开，一看到可爱的造型，便又放了回去。有一天，她的表弟和表姐到家里来做客，她妈妈提议她把那盒巧克力拿出来分享。她有些不乐意，但她妈妈却不由分说地拿了出来。

小溪哭着说："我到现在还记得她是这么说的：'你是不是我女儿？我不是一直教导你要大方，要和家人朋友分享吗？！不就是一盒巧克力嘛！'我没有动，妈妈便直接冲过去拿了出来。她拿出来以后，我就哭了，哀求妈妈给我留下三分之一。可是妈妈就好像没有听到，把那盒巧克力直接分给表弟、表姐和其他亲戚了。我哭得更厉害了，亲戚们都劝妈妈给我留点儿，尝一尝就好，但是妈妈却说我身体不好，不能吃巧克力。看着表弟和表姐吃光了我的巧克力，妈妈还在那里向亲戚解释，我恨透了他们。"

"这样的记忆印象深刻，你一定备受煎熬。后来还发生什么事了吗？"

"等亲戚们走后，妈妈把我狠狠地揍了一顿，边揍边骂我不懂事，骂我给她丢脸，骂我太小气，骂我浪费了她的教育，骂我一点儿都不像她……过了很久，在爸爸的调节下，我和妈妈才开始一些交流。而我和表弟、表姐的关系一直不太亲近。"

"这个事情让你感觉心灵受伤了，是吗？"

"是的。我就是样样都不如她！所以她宁愿对外人好，也不对我好！宁愿让亲戚吃掉我最喜欢的巧克力，也不愿给我吃一点儿。"

"所以你现在狂吃巧克力？"

"她不让我吃，我偏要吃！"

"你都怎么狂吃呢？不腻吗？"

"怎么吃我都不嫌腻！巧克力在嘴里融化的感觉，慢慢进入胃里的感觉，我都觉得很享受。"

"除了这种味觉的享受，还有其他享受吗？吃的时候会有些什么突然冒出来的想法吗？"

"胖了又怎样？我就是要和妈妈不一样！"

"你现在吃巧克力，妈妈知道吗？她还会制止你吗？"

"会，但我不理她。我拿着巧克力默默地走进自己的房间，关上房门。"

"听上去你其实是想和你妈妈不一样，可是，现在体形的发展趋势也让你有点儿担心了，是吗？"

"是的。现在有点儿想控制，好像控制不了，动不动就想去吃。我看同学们都挺瘦的，有点儿羡慕。"

所以，小溪现在的状况是比较纠结的。第一，她从小就被妈妈限制吃巧克力，这令她对巧克力十分渴求。当自我意识开始觉醒时，她便通过想吃便吃的方式满足自己。第二，由之前的匮乏到后来的补偿，她形成了一些条件反射机制，有一些强迫倾向。第三，妈妈对她各方面的限制，尤其是三年级时"巧克力冲突"事件的爆发，导致母女关系一直比较疏离、紧张，进一步引发了她"一定要吃巧克力""就是要和妈妈不一样"等逆反心理，以满足存在感、独立感。

"你担心控制不了体重，体形不好看，这可以在长大的过程中慢慢调整过来，毕竟有不错的基因条件。其实，你要处理的是对你妈妈的负性情绪。我可以约你妈妈见个面吗？"

小溪开始一口拒绝，过了一会儿终于答应了："她很顽固的！"

我微微一笑，说："处理你对你妈妈的负性情绪需要她参与。"

"不过，我今天和您说了这么多，心里痛快了不少。"

"那就好。"

我主动联系了小溪的妈妈，一开始她很排斥，对心理老师接触女儿和自己很反感，但是当我在电话里简单说到小溪的状况后，她答应来学校心理咨询室。

　　当我把小溪的苦恼和纠结，包括那个"巧克力冲突"事件告诉她时，她显得十分震惊。过了好一会儿，她才和我商量怎么办。我建议她：第一，对"巧克力冲突"事件要做一个补救性的说明与澄清，甚至是道歉。第二，即便出发点是好的，很多规范和要求还是要以尊重孩子为基础，而且要有点儿弹性。第三，不要再对女儿吃巧克力的行为反应过度，甚至可以带女儿挑着买。第四，不要因为女儿不听从自己的要求便贬低她。概括地说，家庭中需要有弹性的规范，更需要有亲情的流动，这样才会有家的温暖。

　　后来，听小溪说，她妈妈变了，她也开始控制吃巧克力的量了。

聆听手记

　　当"不允许吃巧克力"这个家庭规范变得毫无弹性可言时，它对小溪便是一种伤害，"巧克力冲突"事件成了压倒小溪的最后一根稻草。自此，她从内心排斥妈妈，排斥妈妈的要求，也排斥与妈妈相似，导致了她对巧克力的欲罢不能和对自身体形的担忧。好在妈妈能及时调整自己的教育方式，激发了小溪爱妈妈和爱自己的本能，使其更有力量去对抗令人烦恼的坏习惯，也找到了更好的自己。

2 爱啃橡皮的女生
——如何引导有异食症倾向的学生

入学这段时间以来，据各科老师反映，可能主要还是性格原因，女生妮妮上课时经常走神发呆，不知道想些什么，学习成绩不理想；与同学也很少交流，下课时总是看着别人玩，形单影只。老师经常发现她吃东西，让她吐出来，原来是橡皮，多次阻止、提醒都没有用，稍不注意，她就把橡皮放嘴里。最近，同学们对她这样的行为指指点点，她啃橡皮的情况也越来越频繁。

爱啃橡皮，这是儿童进食障碍中的异食症吗？我查阅资料后了解到，异食症指发生于婴儿和童年期，以持续性嗜食非食物和无营养的物质为特征，且并非其他精神障碍所致的一种进食障碍。具体表现为有些孩子在饮食方面出现一些异常的现象，如吞食某种并非食用的物品——泥土、小石头、头发、塑料制品等。《中国精神障碍分类与诊断标准（第三版）》对异食症的诊断标准为以下四点：进食不可作为食物的东西；症状每周至少 2 次，至少已有 1 个月；实际年龄及智龄在 2 岁以上；并非其他精神病或智力障碍所致，且此种进食行为并不符合当地习惯或传统。

我需要和妮妮面谈后再进一步确认她的情况。在班主任的安排下，妮妮来到了心理咨询室。为了让她尽可能地打开话匣子，我邀请她做了一个"绳结解心事"的游戏，互相分享在红绳和黑绳上打结的个数及背后的故事后，她慢慢放下了戒备心理，和我聊起了那些不愉快的事。

"我只记得从很小的时候开始，别的小朋友都是爸妈带着玩，可我身边只有奶奶，而且奶奶不允许我和其他小朋友一起玩。"她说。

“她可能是担心你的安全，但也让你慢慢地不知道该怎么和其他人一起玩了，是吗？”

“是的。我和同学根本玩不到一块儿。我知道奶奶很关心我，但是她根本不知道我在想什么。”

“那你爸妈呢？”

“爸爸忙得我根本看不到他。妈妈每个月看我一次，带我出去玩，买点儿玩具。”

“看来还是你妈妈更关心你。”

“我不确定，有点儿恨她。奶奶说她不要我了。”说完她沉默了。

我心想，看来有必要通过各种方法来梳理妮妮心中“她不要我了”的受伤情结。只是这个结又引发了什么故事呢？

“我上课经常走神，自己也不知道想些什么，学习成绩越来越差。”

“看来某些事情影响到你的状态了，还有其他烦恼吗？”

“我老忍不住啃橡皮，老师阻止、同学提醒都没用。现在大家好像都在用异样的眼神看我，对我指指点点。”

“那你为什么要啃橡皮呢？”

“我也不知道。”

从交谈中我感觉妮妮存在以下问题：第一，学习习惯不佳，不能集中注意力听课，成绩退步；第二，有自卑心理，不善于与他人交流；第三，存在不合理认知，认为父母不爱她，她是没人喜欢的孩子。这三点是不是她喜欢啃橡皮的原因？

考虑到若让妮妮回顾啃橡皮行为具体的前因后果容易成为该行为的负强化，我打算向妮妮的奶奶了解情况。

据她奶奶讲述，这种情况妮妮小学时候就有，只是现在越来越严重了。在家时妮妮常发呆，不能主动完成作业。做作业时，也喜欢啃橡皮、纸巾等物品。睡觉时，喜欢啃被角。每次妈妈来看望她后，这种情况更加严重，她不肯做作业，会哭闹，甚至骂人。有一个细节是，每次妈妈探望她离开后，她不能听到和妈妈有关的事情，哪怕是她的表姐喊自己的妈妈，她听到了也会发脾气、哭闹等。

由此可见，妮妮的异常行为应该主要是缺乏关爱引起的焦虑反应。奶奶错误地把父母的恩怨强加给妮妮，造成了她强烈的矛盾感。妈妈不定期地来看望她，能给她暂时的慰藉。妮妮对妈妈来了既感到高兴，又对妈妈不要她，离开她，不能陪在她身边充满恨意。特别是在妈妈离开时心理落差尤为强烈，所以她用异常行为去表现无法处理的焦躁，表达"被遗弃"感。而忙碌的爸爸也令她感受不到父爱。这种说不清、道不明的纠结，既令她自卑又令她不知所措，学习表现不佳只是一个常见的连锁反应结果。

我和妮妮的班主任做了一次深入交流，请班主任和妮妮的爸爸、妈妈、奶奶都做了沟通。沟通的重点在于：

第一，让奶奶尽可能地避免在妮妮面前说妈妈的坏话，要让她接纳妈妈。

第二，爸爸在工作之余，一定要尽量抽出时间与妮妮交流或做一些活动，平时多关心她的学习和生活。

第三，妈妈要定时看望妮妮，要多与她谈心，让她充分感受到母爱不会因为距离而减少分毫。

有了家人的支持后，家庭作业这个手段能够很好地促进妮妮改变"无人爱""被遗弃"的想法。我让妮妮每天记录下家人与她相处过程中的一件令她高兴的事情，并自我辨析。她写下："4月21号，今天爸爸下班回来没有睡觉，而是帮我检查了作业。我感觉爸爸开始关心我的学习了。"

"4月27日，今天妈妈来看我了，她带我一起去理发。理发的时候，妈妈说：'我的闺女又长高了，长大了。'我感觉她是爱我的。"

渐渐地，妮妮的心结打开了，不再认为她是没有人喜欢的孩子了，只是爱啃橡皮的习惯似乎并未彻底改变，我们一起制订了改变行动计划。因为啃橡皮的行为在某种程度上也是妮妮情绪的出口，所以并不能简单制止，实际上想制止也未必能制止，但可以用其他方式转移。

"你的橡皮挺漂亮的，但被你啃成这样了。"我说。

"我也不知道怎么就放嘴里啃了。"

"一般在家里这样做次数多，还是在学校里这样做次数多？"

"以前只是在家里这样做，现在在学校里也经常这样做。"

"那我们想想是否可以啃别的东西？"

"啃别的东西？"

"橡皮可是有毒的，中毒的话不知道有什么后果，所以还是啃别的东西比较安全，至少不会中毒。"

她呵呵笑起来，说："那我吃糖吧！"

"好主意。可是上课时能吃吗？"

"好像不能吃。"

"要不要我和你们班主任申请下特权？"

"不用，不用。我可以在家里这么做。"

"嗯，可以让爸妈买些小糖果。"

我们一起商量后，妮妮承诺在学校上课时不把橡皮或纸巾等物品拿在手上，下课离开座位与同学聊聊天，用这样的方式避免接触刺激源。回家后，每天坚持与爸爸或妈妈进行一次交谈（长短均可）。如果嘴里还想嚼什么东西，可以放一块小糖果，但每天的次数应逐渐减少。慢慢地，妮妮在各方面的表现都有了起色。

聆听手记

妮妮的情况看似符合异食症的诊断标准，但在逐步接触、深入了解的过程中，可以看到心理原因的成分更大一些，不恰当的家庭教养方式令她的能量无处释放，只好以啃东西的方式来释放。在咨询的过程中，所幸她的家庭成员都比较支持和配合，老师通过家庭作业的引导慢慢地让妮妮产生了爱的联结，用他物替代的方式逐渐让妮妮不再习惯于食用异物。

3 害怕黑夜的女生
——如何帮助有抑郁倾向的学生

最近去了朋友的新家。她的新家是坐落在郊外的独立别墅，非常气派。我看见朋友的女儿琳琳慵懒地坐在阳台上晒着太阳看书。一个 13 岁的姑娘，看书是那样的着迷，一边看一边拿笔做记号。让我好奇的是，当天不是双休日，她怎么不去学校上课？什么课外书令她如此着迷？我轻轻地靠近她，用心观察她。她终于发现我在注视她，腼腆地笑着对我说："阿姨，妈妈说您是心理老师？"

我微微点头表示肯定。

"那我可以问您一些心理学方面的问题吗？"

我再次微笑地点头表示可以。这时我看清楚了，姑娘手中抱着的是弗洛伊德的《梦的解析》。

"琳琳，这本书的内容你可以读懂吗？"

《梦的解析》一书通过对梦境的心理学探索和解释，不仅打破了几千年来人类对梦的认知，还标志着精神分析理论的初步形成。它是奥地利精神医师、心理学家、精神分析学派的创始人弗洛伊德贡献给人类的经典心理学专著。想要读懂和理解书中的理论与观点是有一定难度的。

"不太懂，但我很有兴趣了解。"琳琳如实地回应。

"你想了解做梦是怎么回事？分析自己梦境中的经历意味着什么？想通过对梦的解释了解自己，对不对？"我认真地问。

"对，对的。"她睁大眼睛，好奇地看着我，用力地点着头回答。

"请允许我先问一个问题，好吗？今天是周二，你为什么没有去学校上课？"

"我身体不舒服，病了，让妈妈向学校老师请假了。"她含糊不清地回答。

"对不起，我的问题让你为难了。那你愿意说说自己哪儿不舒服吗？"我谨慎而关切地问。

她一会儿捂着胸口，一会儿摸着头，轻声地说："头痛，心更痛。"

"让妈妈陪着去医院做过相关检查了吗？"我关切地问。

她摇着头说："没有。我只要不去学校，有妈妈陪着就没事了。"

"现在我们来谈谈你的梦吧。"我把话题拉回到梦的主题。

"我经常做噩梦。前两天，我梦见黑暗中有很多人来追杀我。他们用刀砍，用箭射，还用枪。我遍体鳞伤，但始终没有被杀死，特别痛苦，特别恐惧。"她说着用双手捂住了胸口，像要呕吐。

"琳琳，不用害怕，这是梦，我们一定可以在现实生活中找到原因。弗洛伊德认为，所有梦的核心本质都是愿望的达成，就算是让我们痛苦、焦虑的噩梦也不例外。"我引导她进入正视自己的层面。

"你平时害怕夜里的黑暗吗？梦中你遍体鳞伤但始终未死，你平时想过死吗？"

"我想过死，偷偷吃过妈妈抽屉里的安眠药，也用小刀割过手腕。但没人知道，我在妈妈、老师、同学面前装得很正常。我感觉自己很累，心痛得装不下去了。"此时的她已经泪流满面。

我安慰琳琳后与朋友聊起了琳琳的问题，我的建议是，尽快带琳琳去心理专科医院做检查。

第二天下午，朋友给我打电话说："昨天带她去儿童医院心理科就诊，医生给她做了一堆检查，有心电图、脑电波，还有血液化验、心理测试等。医生的诊断意见是抑郁急性发作。"

我安慰朋友："不要太着急。根据医生的诊断结论和治疗方案，我们一起努力，相信琳琳的情况一定可以好转。"

朋友又问："医生给开了两种药，要不要给琳琳服用？"

"你担心什么？"我追问。

"我看了药物说明书，副作用很厉害，担心对孩子的健康有负面影响。另外，琳琳真是抑郁急性发作吗？她最近成绩下滑，压力较大，害怕老师追问，会不会谎称自己有心理疾病而逃避？因为她平时看了很多心理学的书，对心理症状比较了解。"朋友既担心又怀疑地说。

"我们要相信医生，相信科学。医生的诊断与处方肯定是有依据的。假如你真担心，我建议多走几家医院听听多位医生的建议，另外对琳琳再做个检查也是可以的。在适当的时候，心理咨询介入也是一种办法。"

过了一段时间，我再次约见琳琳，想看看她的心理情况是否有所好转。

"最近情况如何？看你的气色和精神状态好像有所改善。"我轻松地问。

"好多了，服用中药调理后，心慌、心痛、失眠的情况有了很大改善。现在暂时在家休息，不用上学。妈妈、老师也不会给我学习压力，平时做自己喜欢的事，看看课外书、画画。妈妈每天陪着我，感觉自己还是比较开心的。但我知道这样的日子不会长久，因为期末考试马上到来，我不可能逃避考试。我该怎么对付期末考试？"懂事的琳琳其实还是想得蛮多的。

"你现在还怕夜晚的黑暗吗？"我追问道。

"现在妈妈每天都陪我睡觉就好一点儿，但假如一个人面对夜晚的黑暗，就会感到孤独和害怕。"

"你还记得自己是从什么时候开始害怕黑夜的吗？有没有发生过具体事件？"我问。

"大约在8岁的时候，爸爸因为工作忙常常不在家，妈妈晚上经常陪哥哥外出，家里就剩我一个人，有时他们回家很晚，我只能抱着枕头睡。遇到狂风暴雨的日子，更是害怕。有一次，大风把窗口的花盆刮到了楼下，发出很大的声响，楼下小猫、小狗的叫声让我毛骨悚然，感觉自己也像这些流浪猫、流浪狗一样可怜。遇到电闪雷鸣的日子，我就把自己包在被子里，不敢露脸。妈妈回来总说我真乖，真勇敢，所以，我也不好向妈妈说自己害怕。后来我住校了，到了晚上天黑了，心里就会有慌乱的感觉。一次，班上同学知道我怕黑，就在回寝室的路上，搞恶作剧，吓唬我。那次我被吓哭了。我知道他们是开玩笑，没有告诉老师和妈妈。"她边回忆边诉说。

其实，琳琳的怕黑、做噩梦都与她缺少父母陪伴，没有安全感的经历有关。在学习压力较大和同学关系紧张的情况下，内心的无助感和恐惧感就显现出来。

对琳琳的心理干预需要一个较长的过程，不仅要有医学介入，也要有心理咨询的干预，更需要家庭成员的陪伴。

聆听手记

青少年抑郁现象应引起家长重视。它是一种发生在青少年身上的心理病症，多是由个人性格因素及较重的学业压力引起的。我们要特别关注学生的一些表现，诸如兴趣降低，对什么都提不起精神；食欲降低，入睡困难或睡眠增多；情绪不稳定，感到忧伤，容易哭泣；专注力下降，成绩滑坡；平时没有交往的朋友等。

对青少年抑郁的干预方法是：第一，鼓励其寻找更多的乐趣，多与人交往，适当运动；第二，家庭成员陪伴，强化心理支持系统；第三，补充营养，提高身体素质；第四，抑郁症状严重时，需要给予抗抑郁药物治疗。

目前，青少年抑郁症的发病还是比较常见的，家长发现孩子出现抑郁倾向时，要谨慎对待，及早干预。

4 畏在心，口难开
—— 如何帮助患选择性缄默症的学生

这天，我收到了七年级学生小昀的留言："我今天在人挤人的公交车上跟人说话了。老师，我进步很快吧！"可以感觉到她是那样的兴奋，我也为她感到高兴。

还记得在那节心理课上，我请小昀回答问题，她低着头，既不站起来，也不吱声。几个调皮的男生吵吵嚷嚷地说："老师，她不会说话。"我敏感地意识到要赶紧转移学生的注意力，否则会对她产生叠加的消极影响，就马上说："请大家把答案写在'心灵记录本'上吧！"学生快速地书写起来，我注意到小昀的字很娟秀，回答得也很好。

"为什么她不直接说出来呢？是真的不会说话，还是有什么隐情呢？"带着这些疑惑，我向她的班主任了解情况。

据班主任介绍，小昀上小学时在学校就不和任何人说话，父母曾带她去医院看过，被诊断为选择性缄默症，即在某种或多种特定的社交场合（如在学校，有陌生人或人多的环境等）长时间拒绝说话，但在另一些场合说话正常或接近正常。她曾服用过一段时间的药物，但没有明显效果。

在学习上小昀还是很努力的，成绩属中等水平，在班级中有几个关系较好的同学，一般通过纸笔交流。老师上课时让她回答问题，她常沉默应对。久而久之，同学们不再觉得难以理解而是习以为常了。选择性缄默症其实是可以改善，甚至是能治愈的。如果任其发展，恐怕结果就不那么乐观了。

在上课的时候，我试着和小昀沟通，一开始只是在她的"心灵记录本"上做些简单评论或留言，持续一段时间后，就邀请她到心理咨询室坐坐。

第一次来到心理咨询室时，她双唇紧闭，双手不自觉地揉搓衣服。

我尽可能地让她放松："你看这里有很多玩具、布偶、沙盘。如果你喜欢，你可以随便玩。"

她指指沙盘示意想玩。我暗暗欣喜："终于能有一个切入点了。"在整个过程中，我安静地陪着她。

她摆得很专注，慢慢地越来越放松。从她摆放的情况看，事物之间距离都比较远，且没有紧密的联系，这反映出她内心的茫然。汽车、轮船也许代表了她想与外界沟通的心理需求。一个蹲着拍照的黑衣人代表什么呢？是造成她无法与人正常表达的压力源吗？还是不想被人关注？

为了求证，我请她用手势代表数字来表达她的想法，10代表非常想和他人交流，0代表一点儿也不想。她做出10的手势。在被问到对她想和他人交流却不能正常表达有多苦恼时，我让她仍旧用手势代表数字来表示，10代表非常苦恼，0代表一点儿也不苦恼。她再次做出10的手势。由此可见她也非常苦恼，这意味着她想改变现状的动力很强。

我试着鼓励她开口，哪怕发出一点点儿声音，但都以失败告终。我意识到自己还没有取得她的信任，越是希望她说话，就越激发她内心的紧张与不安情绪。因此，关于沙盘中那个拍照的黑衣人和导致她目前状态的可能经历我都暂时没有涉及。

在接触过程中，我逐渐了解到，小昀是从外地到上海读小学的，说话有口音，与老师、同学交流总不顺畅，同学们经常嘲笑她。久而久之，当她需要和他人交流时，她就紧张，要说的话卡在喉咙里，而同学们从嘲笑到不理解，也给她造成了极大的心理压力。

根据小昀的情况，我计划采取游戏和系统脱敏的方式。在游戏治疗阶段，因为她比较喜欢看书，我主要通过和她一起看故事书，用肢体语言或唱的方式进行角色扮演。

有一次，我们一起看绘本故事书《点》。这本书讲述了这样的故事：

一个小女孩不会画画,老师鼓励她画点儿什么。她用笔使劲儿在画纸上面戳了一个点。老师说:"请签名!"便将这幅作品镶了画框,挂在美术教室里。女孩说,她还能画出更好看的点,于是画了各种各样的点。老师为她的画组织了一场个人展览,她的画轰动了全校。在看这本故事书的时候,小昀特别沉醉,最后居然对我说:"请签名!"

一段时间后,她能够简单地讲故事了,但对话性的语言仍比较少。我们又把目标定为逐步实现能够与人进行对话性交谈,这需要采用系统脱敏技术,基本步骤是构建焦虑等级,逐级脱敏。我便和她一起讨论各种焦虑情景,并根据焦虑程度抽取若干情境作为焦虑事件,将它们排成一个层级。

编号	焦虑程度	事件
1	10	和爸爸、妈妈交流
2	20	和好朋友私下聊天
3	30	通过微信与我交流
4	40	在心理咨询室与我当面交流
5	50	在学校遇到熟识的同学能够打招呼
6	60	在学校遇到自己的老师能够打招呼
7	70	课余时间能够与身边同学闲谈
8	80	在课堂上能够回答老师的问题
9	90	在全班同学面前发言并有视线交流
10	100	和陌生人交流

脱敏等级可以是实景等级,即让小昀真实地暴露于让她感到恐惧的而且焦虑逐渐增加的各种情境中;也可以是想象等级,即让小昀想象这一系列情境。受条件所限,我们主要进行了想象脱敏。

做好准备后,我们便开始实施脱敏了。首先,让小昀做肌肉放松,同时让她想象一个能够放松的情境。在她身心完全放松后,我念出了第一个焦虑事件，要求她尽可能地想象自己置身于那个情境中，在头脑里保持这一清晰的意象，直到开始感到焦虑、紧张。事先和她约好，如果感到焦虑，就竖起拇指示意，我们会马上停止，她报告体验到的焦虑值。

对小昀是否完成脱敏的判断指标有两个：一个是她保持想象的时间，如果超过 30 秒而无示意，意味着她不太紧张，已经完成脱敏；另一个指标是报告焦虑值，连续两三次，焦虑值在 20 以下，则认为脱敏完成。在确认她对一个事件已经不再感到紧张后再进行下一个事件的脱敏。

经过数次脱敏训练，我鼓励她在现实情境中运用从想象脱敏中学到的经验来应对实际情境。她逐渐能够在心理咨询室里和老师慢慢、自如地交流，在心理咨询室外与同学交流的次数也逐渐增多。就这样，小昀有了点点滴滴的进步，也逐渐增添了信心。我也注意及时对她的表现表达喜悦与肯定，强化她与人交流的意愿。于是，就有了本文开头的那一幕。

聆听手记

选择性缄默症是一种复杂的行为障碍，患者听说能力与发音器官基本上并无问题，但面临特定的情境时就会沉默不语。对这样的情况，老师要有足够的耐心，一方面，找切入口不容易，要获得学生足够的信任；另一方面，也不能强求立竿见影。即使有很长一段时间学生仍旧沉默不语，但改变也许在慢慢发生。采取游戏治疗的方式目的在于建立良好的咨访关系，并能让来访者有所放松和得到简单练习，提高正常表达的信心。而系统脱敏则直接面对困扰的状态，还是比较有效的。这里的关键点是共同商定焦虑事件层级，逐次脱敏并允许反复。

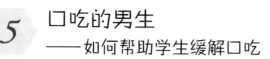

5 口吃的男生
——如何帮助学生缓解口吃

为了给学生建立个人心理档案，我们为入学的新生统一做了一次心理测试，以便从中发现一些需要特别关注的学生。

男生小超的心理测试结果显示，他性格相对内倾（即性格沉静，说话含蓄，做事谨慎，不喜欢社交活动），与人相处时容易羞怯、拘谨，而情绪又易于激动、焦虑，对自己的现状常常感觉不满意，遇到问题时容易气馁。

于是，我向班主任了解小超的情况。班主任犹豫了一会儿，说："他看上去是个比较乖巧的孩子，就是说话的时候有点儿结巴。"

在班主任的安排下，小超来到了心理咨询室。"有人吗？我可以进来吗？"他很有礼貌但显得很畏缩，并未出现结巴。

"进来吧。"我赶紧热情地招呼他。

"班主任让你到我这里来，你有什么想法吗？"

"没有。"

"那你知道来这里干什么吗？"

"老师说让我过来说说心事……放松一下。"他开始不自觉地停顿。

"你愿意和我说说吗？"我不露声色，尽可能表现得自然。

"嗯。老师，我们班是……实验班，班里的同学都有……拿得出手的……绝活，但我好像没有。我感觉自己的……情商很低，不会……说话，经常因为……说错话而得罪人，同学们就不太喜欢我。"

"除此之外呢？比如，学习方面？"

"摸底考的时候，成绩在年级中游。"

"看上去是挺不如意的。"我话锋一转，"你看这个纸杯，你看到了什么？"

"白乎乎的一片。"他明显不解，但还是回答了。

我转了一个方向说："现在呢？"

"一朵灿烂的向日葵。"

"你喜欢哪一面？"

"向日葵这面。"

"还是这个杯子吗？"

"是的。"

"这个杯子没发生什么变化，只是你看到不同的面感觉就不同了。那你是怎么看自己的呢？一直看着比不上其他人的不如意处，心里只会不畅快。"他沉默不语。

"其实，你刚才说的只是一个人的一些方面，特长、学习等，只是因为在学生时代我们主要关注这些方面。可是你想想，你还有什么特点？这是自信的基础。"

"让我想想。"

"比如，你看上去很有修养，对人有礼貌。回去以后可以再想一想。"我试着给他提供些线索并布置了作业。

初次和小超见面，我并没有直接和他谈结巴的问题，为的是先和他建立良好的关系，以便之后深入。可以感觉到，他十分不自信，需要有一些支持的力量来协助他。

第二次来做心理咨询时，小超有点儿沮丧地说："老师，我觉得您的作业好难，我完成不了！"

"很难找到让自己有自信的特点吗？抱歉，因为这个任务让你感觉不好。"

"其实，我有一个很大的烦恼，有时候一着急和人说话就结巴。"他终于主动和我谈了，说明信任我了，这是个很好的转变契机。

"能具体说说是怎样的情境吗？"

"在校车上，我急于争辩时就结巴，越结巴他们讥笑得越厉害，我就越说不清楚。我很恼火但又无可奈何，只好生闷气。"

"是进入中学后才这样的吗？"

"不是。上幼儿园的时候我喜欢看百科全书，很想把自己知道的告诉其他小朋友，但一着急就结巴，因为别人都争着说，不听我的。"

"还会在什么情况下结巴？"

"如果爸爸提高音量和我说话，我也会结巴。"

"平时你爸妈是不是对你要求很严格？"

"嗯。经常觉得我做得不好，没有达到他们的期望。"

"他们带你做过检查吗？"

"检查结果说一切正常。"

"你觉得可能是什么原因让你结巴了？"

"我也不知道。"

结巴也叫口吃，是一种表现为言语节律异常的障碍。临床表现为语言节律异常，包括发言、字、词重复，声音延长，发声音节之间异常停顿或完全阻滞。造成口吃的病因非常复杂。[①] 学龄前口吃的儿童经常产生与社交和学校相关的焦虑，而口吃的青少年在社交中会变得退缩、被动，可以说口吃和情绪、行为问题互为因果。

就小超来说，一方面，严厉的家教让他将某些错误归结为自己能力差，口吃体现了一种深深的、不被觉察的自卑感；另一方面，与同龄人相处时，方式上和个性特点的原因令他常常被人忽略，他对此又极为敏感。

"体现自己能力的方式只是在被人忽视、被人攻击的时候反击吗？"

他想了想说："我可以在学习上再努力一些，获得进步，还可以在校车上讲一些能够吸引他人注意的话题。"

"未尝不可，但每个人会选择关注自己感兴趣的话题，有时候别人仍

---

① 杜亚松.儿童心理障碍治疗学 [M].上海：上海科学技术出版社，2005：456.

不注意你认为值得注意的事情，那怎么办？"

"我自己认为有意义就行啊！"

"对了。要学会接受，要确信做的事情对自己而言是非常有意义的。在遇到和他人争执，或者别人不接受自己观点的时候，可以先尝试用自我安慰的方法慢慢地增强自信，但这需要渐渐改变。"

"我是有能力的，不反击不等于我没能力。"

第三次做心理咨询时，我和他谈了谈为人处世的技巧，让他以更放松的心情和我交流。

"最近看了一本书①，书上说多数口吃儿童到青少年期或青少年期后口吃现象会自行消失，言语流畅性达到正常状态。"

"是吗？"他难得开心，"自然而然吗？"

"我们可以一起做些事让它自然而然地发生。在发生冲突的环境中，不必因为生气而急于争辩。不会因为别人的批评或攻击，自己就真的变差了，要有自信心。"

"我也在尝试。"

"好样的。另外，在说话过程中不必强求速度，告诉自己，很放松，有自己说话的节奏。"

学会微笑、学会倾听在人际交往中很重要。在这个过程中可以点头，或发表鼓励的评论，比如，"很有趣""还有什么呢"。若要发言也未尝不可，但不必试图控制全场，可以在脑海里整理下自己要发言的内容，可以了解他人感兴趣的内容，这样人与人之间才会有更多的共同语言。

练习了几次社交技巧后，小超慢慢地能够融入集体了，口吃的现象也在放松的状态中渐渐好转了。

---

① 杜亚松.儿童心理障碍治疗学 [M].上海：上海科学技术出版社，2005：458.

小超的口吃是影响他自信的深层原因，由此他渐渐发展出内倾的性格，与人相处时容易羞怯、拘谨，又易于激动、焦虑。我对他的辅导分为两个阶段。第一，取得他的信任，这对内倾性格的人尤为关键。第二，看到人际冲突背后加剧口吃的原因——急于争辩，缓解他在冲突情境中因明显口吃而增加的挫败感，激发他与口吃和平相处的放松感，这样口吃才有可能渐渐好转。如此辅以练习，小超便能慢慢自如地与他人相处，进入了良性循环。

6 "我得了强迫症吗"
—— 如何引导有强迫倾向的学生

一名怀疑自己得了强迫症的男生主动约我在心理咨询室见面。

他叫小晟，如约急匆匆地跑进心理咨询室，直截了当地问："老师，您觉得我得了强迫症吗？"

我一愣："你为什么觉得自己得了强迫症？"

"我以前也不知道这是什么症状，但是上网一查，很多强迫症的症状和我的一样。"

"都有哪些症状呢？"

"反复地做一件事，明明知道这是不对的，但就是控制不住。比如，晚上睡觉的时候，知道窗户已经关上了，但心里总感到不踏实，然后起来再关一次。一个晚上会重复好多次。"

"你究竟关了多少次呢？"

"四五次吧，每次一起来碰到它的时候就要再关一次。"

"碰到什么的时候？"

"我轻轻碰到窗户的时候就再关一次。"

"你是要开窗还是关窗？"

"它已经关了。"

"你是在确定窗户究竟是关了还是未关？"

"是的。"

"仅仅发生在晚上吗？"

"有时候白天关门也经常是这样的。有一次，有朋友等我出去玩，我竟然关了半个小时的门。"

"你每次关门都要用半小时？"

"那倒不是。时间不等，有时几分钟，有时半小时，如果家里有人就会好点儿。"

"也就是说，如果家里有人就不会出现反复关门的情况？"

"嗯。"

"你是从什么时候开始出现反复关窗、关门的行为的呢？"

"大概在上六年级以后。"

"能回忆起当时的感觉吗？"

他沉默了很久，说："说不出那种感觉，就是觉得很怪。"

"能具体告诉我怪在哪里吗？或者说进入初中前后有什么你觉得怪的地方呢？"我引导他思考。

"和老师、同学交流不顺，还有学习方面也不一样。在小学时，我的学习成绩还可以，有什么不懂的就问老师。现在感觉学习好像跟不上了，家长催我去问老师，但我和老师不熟，不好意思开口问，成绩慢慢就落下来了。"他有点儿沮丧和无奈。

"所以你觉得小学和现在还是有很大差距的。"

"嗯，很有压力。同学也不一样，以前友情很好的，但现在都感觉不到了。"

"最近你有什么特别的原因想到来找我聊聊？"

"其实，我已经烦一个多月了，刚开始并不觉得严重，最近放假在家，突然意识到问题的严重性，面对柜子、门、窗户等只要是能关的物品，就忍不住反复关。还有家里的冰箱，我也觉得没有关上，然后站在那里使劲儿地关冰箱门。这种现象好像越来越严重了，我就上网查了下，觉得自己得了强迫症，而且严重的话还会演变成精神分裂症。我好怕，晚上都睡不好觉了。"

从小晟的表述来看，他进入中学以后，师生关系不良，同学关系紧张，学习压力等多种因素导致他出现了强迫行为。他通过将自己的行为与网上资料做对比，越发增强了自己得了强迫症的想法。在这样的暗示下，他不自觉地做着网上提及的强迫症行为，更加剧了他的强迫倾向。

我仔细观察小晟，他衣着整洁，举止得体，但脸色苍白，看来确实睡眠不足。显然，这种担心加剧了他问题的严重性。

实际上，强迫症的诊断有以下几个要点。

第一，至少有以下四项强迫症状之一：强迫观念、强迫情绪、强迫意向和强迫行为（动作），且强迫症状是出自内心而非外力所致，即自我强迫。

第二，明知强迫症状不合情理或毫无意义仍反复出现。

第三，对强迫症状力图抗拒和排斥，又不能控制和无力摆脱。

第四，强迫症状的出现会导致严重的内心冲突，并伴随强烈的焦虑和痛苦情绪。[①]

"在强迫症的诊断标准里，不仅有你所说的内心明明知道毫无意义，控制不了要去做，还有一个标准就是会有严重的内心冲突，并伴随着强烈的焦虑和痛苦情绪。你好像并没有达到这个级别吧？"

"您的意思是我并没有得强迫症？"

"当然了。所以你完全不用担心自己会演变成精神分裂症，即使是强迫症也不一定会演变为精神分裂症。"

"原来是这样啊！吓死我了！"他长长地吁了一口气，明显轻松了许多，脸色似乎也红润了些。

为了进一步改善他的强迫行为，我们一起商量了家庭作业的内容：每天记录强迫行为出现的时间、具体行为、想法、频率、持续时间，以便更加清晰地了解强迫行为的具体情况，寻找原因。

一周后，小晟拿来了家庭作业，从中可以看到他每天都做出各种重复行为，关门、关冰箱门、关窗、关柜门等，每天五六次。

---

① 傅安球. 实用心理异常诊断矫治手册 [M]. 5 版. 上海：上海教育出版社，2019：110.

"好想做回以前那个无忧无虑的我。"

"这个目标有点儿抽象，能不能具体化？"

"就是改掉这个毛病。"

"嗯，改掉这个行为是需要时间的，你的有些行为未必是不正常的，有时正常人也会做出这样的行为。比如说，你关门这件事，以前关几次？"

"以前是一次，后来就越来越多，一直关，一直关，就变习惯了。现在脑子里就想多关几次。"

"会打开再关，再打开再关吗？"

"我的手就一直放在门上，脑子里想到门已经关上了，不用使劲儿关了，可以离开了，这时我才把手挪开。"

"好，那我们现在的目标可以定为，在你关上门的一秒钟内，你脑海中就出现这样一句话：'门已经关上了，我可以走了。'行吗？"

"但是，每次发生这种事情的时候，我都想不到，基本上要好久。"

"你可以把它变成有意识的嘛！这是可以训练的。"

"把它变成习惯？"他很聪明，一下子就明白了。

过了一段时间，小晟又约了我。

"现在感觉好点儿了吧？看看你的家庭作业。"我说。

他略显不好意思地拿出，沮丧地回答："还是有很多不正常的重复。"

我看了看，虽不是很显著，但重复的次数已经减少了，我觉得还需要帮他丢掉一些思想包袱。

"你上网查资料时有没有发现，很多人都做出了这样的重复动作？"

"有。"

"其实，重复动作或行为是常见现象。就像我一样，有时也会反复检查门是否关好，煤气是否关好，水龙头是否关好了。"

"本来也没觉得怎样，自从查过后就越来越担心，一度感觉难以控制。"

"那如果门真的没关，冰箱真的没关又会如何呢？"

"其实也不会发生什么。"

"如果有小偷，你关好了门他还会撬开；如果冰箱门没关上，后面打开冰箱的人会帮你关上，并不会怎样，对吗？"

"对的。"

"让我们一起重新整理一下。其实，某些重复行为，是每个人都可能做出的正常行为，而你将某种原本正常的感觉看成异常的，想排斥和控制这种感觉，使注意力固着在这种感觉上，这就是一种恶性循环。"

"老师，我明白了，您的意思是说当我做出这样的行为时，我不要觉得它是不对的，而是顺其自然，然后它就会自然而然地消失了。"

小晟很快理解了我的意思，当出现这种情况的时候，告诉自己门已经关好了，然后去做其他的事情，顺其自然就好。

又过了一段时间，通过对他的家庭作业进行分析，我发现他的重复行为主要集中在关门上，但比起以前，关门行为发生的频率已明显减少了，而且每次持续的时间也变短了。

聆听手记

在咨询过程中，小晟的主动求助和坚持执行是关键因素。因此，我们需要告诫学生，若自我感觉状态不佳，不能单纯地查阅资料自行分析，这样可能适得其反。比如，小晟初期查阅资料自行分析，形成了消极的自我暗示，导致情况愈演愈烈。在咨询的过程中，师生彼此的信任与坦诚，促使我们共同探讨强迫行为产生的原因，不断修改和确定咨询目标。通过家庭作业的辅助，心理老师让小晟慢慢建立了合理的认知，逐渐改善了不良情绪状态和强迫行为。

7 喜欢啃指甲的男生
——如何引导学生缓解压力

小海，八年级男生，在上了一节主题为"关爱自己"的心理课后，在心理咨询室门口徘徊了很久，在我的邀请下才进屋。

他说："上课时您说心里有困惑可以找您，但是到了门口，又觉得不好意思。"他对我伸出左手，我定睛一看，他的食指、中指的指甲上都有清晰的啃咬痕迹。

我尽可能地掩饰吃惊："这是你啃的？你觉得我能帮你做什么吗？"

他说："我希望您帮我做到不再啃指甲。"

"我们做个小实验。现在，请你闭上眼睛，听我说千万不要想一头红色的大象，告诉我，现在你想到了什么？"

他闭上眼睛沮丧地说："一头红色的大象。"

"没关系的。这说明我越是强调你不要想，你就越会关注它。同样，你越是强调不要啃指甲，就越容易这样做。"

"那该怎么办呢？"

"你觉得自己是出于什么原因啃指甲的？"

"我也不知道。"

"一般在什么情况下啃？"

"上课的时候、做作业的时候、发呆的时候……很多很多时候。"

"看来，你对手指的喜欢延续到了现在。你知道人是在什么阶段喜欢上手指的吗？"

小海很疑惑。

我跟他解释，心理学家弗洛伊德将人格发展阶段分为口唇期、肛门期、性器期、潜伏期和生殖期。婴儿出生后到一岁半称为口唇期，是人格发展的第一个基础阶段。这个阶段的幼儿强烈需要一种安全感，吸吮需求很强烈，尤其在就寝时更为明显。乳汁不仅可以给他们营养，更可以给他们心理上的慰藉。慢慢地，他们会用嘴来吃手，啃玩具，啃衣角，这是他们认识世界的一种独特方式。从一开始吸吮整个手，到灵巧地吸吮某个手指，这说明他们大脑支配行动的能力有了很大提高。

他很聪明："其实啃指甲也是有历史渊源的。"

"是的，还代表了一种能力的提升呢！"

他有点儿意外："爸妈因此批评我、阻止我，同学嘲笑我。"

"这些都让你感觉不舒服吧？所以你才会鼓起勇气到这里来？"他使劲儿点头。

一般而言，啃指甲的原因有很多，可能是无聊、焦虑，也可能是情感上的需求没有被满足或是习惯性动作。小孩子会吸手指，大孩子则会啃指甲。[①]周围人的不当评价和看法只会使情况加剧。因此，咨询的目标，一是缓解环境造成的因啃指甲而生的附加压力；二是找准原因，满足他的需求，缓解相应情绪，减少啃指甲行为或者寻找替代方式。

我向他推荐了《吮拇指的人》这部电影。它讲述了一位有吮拇指习惯的少年，如何走出充满迷茫、躁动、愤怒和困惑的青春期的故事。主人公贾斯汀已经17岁了，性格内向，留着长头发，在感到不安的时候，就有吮拇指的习惯。母亲身为护士却不知道如何对待儿子的这个怪异行为，手足无措，这让贾斯汀误以为母亲根本不关心自己。父亲简单粗暴地去制止、约束，反而让贾斯汀更加紧张，强化了他吮拇指的习惯。有心理学知识背景的牙医治愈了贾斯汀的这个习惯，但贾斯汀又出现了新的状况。最终，在贾斯汀自发地做了一些新的探索之后，他接纳了自己的吮拇指行为。

我们一起分享了观影心得，重点在于轻松看待啃指甲的行为，减少由

① 高淑贞. 问题孩子，聪明对策 [M]. 太原：山西教育出版社，2013：76.

此产生的羞愧感、负罪感等。

小海有些不解："最后的镜头是不是说他还在吮手指？"

"是的。电影想表达的是吮手指根本不是问题，问题是把吮手指当成问题。"

他的眼睛瞪得老大。

"你知道吗？不少政治人物在重要场合也有吮手指的表现，而这一做法还被学术界作为成年人减压的一种方法推荐给政界。"

"真的吗？"

"真的。吮手指根本不是问题，问题是把吮手指当成问题。"这涉及的是自我接纳或者说自我认同。

对小海而言，究竟是什么因素让他啃指甲，这才是问题的重点。

据我了解，小海的家境较好，妈妈为了照顾和培养他做起了全职妈妈，把他作为"后半生的杰作"来教育，管教极为专制。爸爸工作很忙，无暇管教他，却对他的期望很高，但他的成绩在班级里几乎是倒数。妈妈经常强调爸爸如何能干，而爸爸越成功，他就越自卑。

"有时候就觉得我只是爸妈的机器，用来圆满他们的人生。"他居然说出了这样的话，可以想象得到他的内心有多挣扎。

"你和她沟通过吗？"

"跟她是没有办法沟通的，只有在啃指甲的时候才会有些安慰。"他突然冒出这么一句话。

"什么样的安慰？"

"她很担心。这时候我才觉得她是关心我的。"

"那你爸爸是怎么对待你这个表现的？"

"他看到了就骂我。我知道这样不好。"

看来学业落后本身给他带来了压力，父母的高期望也给他带来了压力，正是这些压力让他不自觉地啃指甲。现在的工作重点应该是帮助他正确看待学习压力，学会面对暂时落后的情况，学会和爸妈沟通，真正缓解焦虑、压力等负性情绪。

"我现在教你一种简单的放松方法，当你感到不舒服的时候，你试试。跟着我一起做，好吗？"他点点头。

双肩自然下垂，慢慢闭上双眼，然后做缓缓有节奏的腹式呼吸。慢慢地、深深地吸气，吸到足够多时，憋气，再把吸进去的气缓缓地呼出。自己要配合呼吸的节奏给予一些暗示和指导语"吸——呼——吸——呼——"。呼气的时候尽量告诉自己"我现在很放松，很舒服"。注意感觉自己的吸气、呼气，体会"深深地吸进来，慢慢地呼出去"的感觉。重复做这样的呼吸三次。

这对小海而言有极强的操作性，在不同的环境下，他都可以悄悄地独自完成。

在征得了他的同意后，我邀请了他的父母参与了几次咨询。他们渐渐地都明白了，学习成绩的提高需要一个过程，关键是努力、尽力。而小海也慢慢地明白了并不需要通过啃指甲的行为，才能感受到妈妈的担心与关爱。他感觉焦虑的时候，仍然有啃指甲的情况，但他认为这是童年期留给自己的礼物。更多的时候，他学会了用调整呼吸的方式缓解自己的负性情绪，而不是啃指甲。

聆听手记

这个案例中的小海，背负了很多压力，所以采用了啃指甲的方式调节负性情绪。妈妈的担心促进了这个行为，而爸爸的批评则给这个行为贴上了不恰当的标签，这让小海陷入了矛盾的状态。如果能够坦然地看待，甚至接纳类似啃指甲的怪癖，它所产生的破坏力就会下降。

"吮手指根本不是问题，问题是把吮手指当成问题。"把这方面的压力减少，便会提升孩子面对实际的能力。如学会用调节呼吸的方式替代啃指甲来缓解负性情绪。当然，父母还要加强亲子沟通，帮助孩子养成良好的学习习惯，直面学习压力。

8 怀疑自己有人格障碍的男生
—— 如何帮助学生消除消极暗示

这天，我上完最后一节课回到心理咨询室时，七年级男生小宇已经在门口踱步等我了。从他来回踱步的表现来看，他可能真有几分焦躁。我迅速地招呼他落座。刚坐下他便急切地问："老师，我有人格障碍吗？"

我试着稳定他焦躁的情绪："我们慢慢说，老师和同学都是怎么说你的？"

"他们就说我是不是人格有问题，有人格障碍。"

"什么是人格啊？"

"说不清楚。"

"那你怎么认为自己有人格障碍呢？"

"因为老师和同学都说我了，我就在网上查了下，觉得确实如此，自己在人格方面的确有问题。"

这么小的年纪一本正经地谈到人格，我很好奇他是怎么理解人格和人格障碍的。"网上都是怎么说的？能和我讲一讲吗？"

他翻出了一张皱巴巴的纸，应该是他经常拿出来看的纸，念网上对人格和人格障碍的解释。

"这上面讲得挺抽象、概括的。你能理解吗？"我问他。

"马马虎虎吧，就是觉得我自己平时的表现不太正常，老师和同学才会这么说。"

"你能举例说说自己有哪些不太正常的表现吗？"

"有时我比较容易冲动。比如，有同学不小心踩了我一脚，哪怕我知道他不是故意的，我也会狠狠地踩回去，搞得大家都不开心，事后我又觉得内疚。再比如，老师批评我的时候，我就忍不住顶撞老师，事后又觉得不应该。诸如此类的事情还是很多的。总之，按老师和同学的说法，我情绪太容易失控，动不动就顶撞他人，把自己和他人的关系搞僵。老师，您说我是不是有人格障碍？我该怎么办？"

"根据你的观察，你觉得自己班级里没有人格障碍的同学有怎样的表现？"

"我们班的学习委员。他很善良，平时主动帮助身边的同学；他脾气温和，几乎看不到他生气的样子，对同学、老师都和和气气的，面露微笑。"

"就是不会情绪化，情绪比较稳定，对人友好，是吧？也就是说，你认为自己太容易情绪化，容易冲别人发脾气甚至惹恼别人，这就是人格障碍？"

他的眼神很期待我给他答案，但我告诉小宇，这并不是人格障碍。

根据临床诊断标准，人格障碍在儿童或青少年时出现，并长期持续发展至成年或终生，指明显偏离正常且根深蒂固的行为方式，具有适应不良的性质。①

"你的行为显然是不能诊断为人格障碍的。"我的话音刚落，他便如释重负。但是从他的表述来看，还是要重视。他情绪易变，反应强烈，可能存在情绪及行为方面的心理问题，若任由其发展，则容易演变成人格缺陷，甚至人格障碍。

我分析，小宇目前的暴躁情绪和不良行为，应该与他的遗传特质、父母的教养方式，以及从小的成长环境有关。

小宇告诉我，他们家共有五口人，一家人与爷爷、奶奶同住。这种"221 式家庭"是目前比较典型的家庭模式，祖辈对孩子的生活往往事无巨细地包办，过分关心导致溺爱。在这种环境下成长的孩子，往往在生活中缺乏克服困难的勇气，常常以自我为中心，比较任性。经了解，小宇在家基本上都是爷爷、奶奶照顾他的生活起居，很多事情都由他们代替

① 傅安球. 实用心理异常诊断矫治手册 [M]. 5 版. 上海：上海教育出版社，2019：123.

完成。

我很好奇，小宇的爸妈平时在家里充当了怎样的角色。

"爸爸只顾玩电脑，和我交流比较少，有时就冷不丁地冒出一句：'你要好好学习。'妈妈还是比较关心我的，吃饭、穿衣都会提醒我。"

我猜测，第一，小宇是一个缺少父亲榜样引领的孩子；第二，小宇的家庭中似乎缺乏对情绪的感知、表达这方面的土壤，所以在性格塑造方面是有欠缺的。

"从小到大，我都是比较内向的，不太善于与别人交流，所以，只有一两个朋友。平时希望同学们能多关注我。"小宇终于把他内心的想法和盘托出。

"看来你刻意引起别人注意的目的就是想多交一些朋友，但这种方式却让同学们看不懂，你反而越来越受到排斥，也就越来越无所适从甚至失落了。"我分析道。

小宇点点头。尽管小宇家中的四个大人都围绕他转，但实际上他们并没有关注到他内心的需求，也没有意识到与他进行情感交流的必要性，更没有教他如何去理解别人的感受和想法。因此，他不善于与人交流，更不善于察言观色，也不会富有同理心地去感受他人的情绪。随着他慢慢长大，渴求发展同伴关系成为切实的心理需求。他有此心却无办法，反而让身边人误解为有人格障碍。

孩子的行为方式可能与长期以来已形成的家庭文化有关，也可能与家庭教育理念及父母的培养意识有关。若想让小宇有所改变，就要说服他的家人一起进行家庭治疗。但小宇希望改变从自身开始，希望他父母不要参与进来。我尊重了他的意见。

小宇目前最希望提高与他人沟通交往的能力。我一边分析，一边对他提出三点要求。

第一，对他人要有一颗宽容的心，遇事多体谅同学、老师等身边人。

第二，在考虑他人感受的情况下，尽可能简单明了地表达自己的观点，防止因误解而导致交往受阻。若对方碰巧有事情你可以先等待，千万不要认为对方是故意冷落而情绪化。

第三，在改善与他人关系的过程中，可以允许自己有一个反复的过程。但是如果自己已经觉得伤害了同学，应该找一个恰当的机会去向对方道歉。如果对方不介意此事，则尽可能注意下不为例；如果对方介意，也不必埋怨，因为自己有错在先，对方会介意也符合情理，自己要有耐心，要学会包容。

我让小宇以一周为单位做记录，若完成得较好则给自己画五角星，这样可以清晰明了地审视自己一周的表现。而对老师，如果有不同意见，可以私下交流，但在大庭广众之下冲动地回应是非常不合适的，以后一定要注意克制。

一般来说，七年级的男生，年龄在 12 岁左右，相对而言还是较为幼稚的，小宇却开始关注自己的心理感受，并能做出必要的反思和积极求助，这是他长大的标志，应该给予肯定。相信他若有意识地去改进自己与他人交往的技巧，学会稳定自己情绪的方法，懂得换位思考，理解他人，慢慢地，一定可以成为同龄人中的佼佼者。

聆听手记

小宇主动要求做心理咨询的行为让我感到既高兴又心酸。高兴的是，他开始关注自身性格的完善，渴望提升自己与他人交往、沟通的能力。

心酸的是，第一，像他们这样的家庭模式目前比比皆是，看上去以孩子为中心，实际上缺失了培养孩子同理心的机会，这会妨碍孩子与他人交往。随着年龄的增长，这种人际交往问题会越来越明显。第二，有些并不真正了解心理学的人会误用一些术语，有时候可能并无恶意，但会给正值青春期的孩子贴上负面标签。但这种负面标签可能会成为如影随形的消极暗示，成为一些孩子一生的梦魇。所以，家庭成员既要关注孩子的身体健康和学习情况，也要关注他们的心理状态和情绪状态。

9 小·动作过多的男生
——如何帮助好动的学生

"医生说我有多动症"，至今我还清楚地记得城城说出这句话时那副无所谓的模样，他眼神中有一份不易觉察的沮丧。

其实，城城是在班主任的带领下，灰溜溜地来到心理咨询室的。班主任气呼呼地说："您帮我好好教育教育这孩子，太好动了。"

在咨询过程中，城城一直坐在椅子上晃动，手指偶尔往嘴里送，突然说："哎呀，椅子怎么这样了？"不好意思地吐舌头，显得萌萌的。

我很疑惑地问："你是不是第一次见到我，有些紧张，所以才有些坐不住？"

他愣了愣，随即回答："医生说我有多动症。"

多动症也称注意力缺损多动障碍，诊断时包括注意涣散、冲动任性、活动过多三个维度。[①] 从他的表现来看，前两个方面似乎并不明显。

"你爸妈是什么时候带你去医院检查的？"

"小学四年级的时候。"

"怎么想到去做这样的检查？"

"老师让我爸爸带我去的。"

可以想象，城城肯定是在课堂上小动作过多，给课堂造成了严重干扰，令老师头疼了。

---

① 傅安球.实用心理异常诊断矫治手册[M].5版.上海：上海教育出版社，2019：241.

"医生的建议是什么？"

"吃药，但家里人不让我吃。"

为了进一步确认城城是不是多动症，我想看看他在做自己感兴趣的事情时的状态。我试探地问："你平时喜欢做什么事情？"

"画画。"他毫不犹豫地回答。

"那就在这里画'我的家'吧？"这样一举两得，既能观察他是否有无法集中注意力的表现，又能真实地了解他的家庭情况。

他先画了金鱼缸，然后画了电视机和沙发，唯独没有画人。在整个过程中很专注，没有任何多动的表现。

"我看到你在画画的过程中，非常专心，并没有什么多动的表现。"首先，我要帮他把"多动症"这个标签摘掉。

他嘿嘿笑了两声，显然是轻松了一些。

"我们刚才是在做排除法。"我说。他瞪大了眼睛。

"医生说你有多动症，但多动症患者在任何时间都无法集中注意力，而你刚才很专心，说明你并不是真正意义上的多动症。"我既认真又严肃地说。

他很认真地听。

"你画得很好，但是为什么家里没人？"我好奇地问。

他应了一声，又低头画了起来。于是画面上出现了爸爸在沙发上睡觉，奶奶在厨房做饭，爷爷在鱼缸前喂鱼。

看着这个画面，我感觉一阵心酸。第一，妈妈呢？第二，每件东西都有一个归属，鱼缸属于爷爷，沙发属于爸爸，厨房属于奶奶，那什么是属于城城的呢？很显然，也许城城有着他自己也不明白的孤独感，因为在这个没有妈妈的家中，情感沟通太少了。没有妈妈本身就是一种极大的缺憾，而其他一起生活的家庭成员并没有根据已有的缺憾进行一定的弥补，可以想象，他的孤独感、不安全感有多强。

"你妈妈呢？"我想听听他对妈妈的感受。

"妈妈出国了，不管我了。"他的表情变得忧伤起来，沉默了许久。

"你很想她吗？"

"她不管我，我也不想她。"

我的心里泛起一阵波澜，他妈妈不在身边，他应该是会想念的，只是他用这种否认的防御机制把自己牢牢保护起来了，这会影响他的个性形成与行为表现。

城城第二次来心理咨询室时，我问了一个问题："你能坚持来这里很好，想来解决什么呢？"

"其实是班主任让我来……可能她想帮我找到学习路径吧……"

"学习路径怎么理解呢？"

"比如，上课认真听讲，按时完成作业，不影响其他同学……这些应该能改善我的学习成绩吧。"

"既然你都知道，那还有什么困惑需要我帮助呢？"他不作声了。

"道理都知道，但就是做不到。其实，不能做到的原因是因人而异的，所以我们要找找自己无法做到的原因，是不是？你觉得可能是什么原因呢？"

他认真地想了一想，说："我很容易发呆，容易胡思乱想，所以，应该要解决自己为什么会发呆，为什么总要胡思乱想的问题。"

"我感觉你有比较强的自我反思能力，要进一步运用好自己的这个能力。想想容易发呆、胡思乱想的情况经常发生吗？你自己觉得有什么原因？"我启发他。

"我有多动症。"他不假思索地回答。

"可是，上次我们说了你在画画时那么专注，就证明你并没有多动症。"

"哦，对。"他笑笑，"那是什么原因呢？"

"你说呢？画画是你感兴趣的事，上课和学习是不是也是你感兴趣的事呢？"

"不好说。"这个答案很好理解，很多孩子对学习既看重又不看重。看重的是这个结果影响到他人对自己的评价，这是有兴趣的；不看重的是如何辛苦地获得理想的结果，对相对枯燥的学习过程则少有兴趣。

心理学的研究结果表明，学习任务、目的不明确是学习注意力无法集中和稳定的主要因素，所以在接下来的几次心理咨询中，我主要围绕以下两点开展。

第一，让城城明确学习对自己的意义。

第二，通过一定的训练来增强他集中注意力的信心。

人在孩童时代完全可以通过游戏的方式进行学习，进入学生阶段则主要通过听课、训练、掌握、运用的过程进行学习，进入成年阶段则主要通过生活实践与事件经验进行学习，所以，目前，学习对城城的意义是让他从儿童过渡为成年人。在学习的过程中，需要掌握各种技能。比如，提高自我控制的能力，提高逻辑判断的能力，培养积极的态度，提高耐挫力等。学习的根本意义是掌握好各种技能以便面对未来的挑战。

"人不能永远让自己停留在小时候，所以当务之急是要想一想，学习要得到什么结果。"

"我也想考好，但是同学们都太厉害了。"

城城说的是实话，在这所优质学校里，同学们是那样的优秀，他的心理落差肯定很大。而且，我猜测，这种落差在小学阶段就已经形成，因为他在小学就被诊断为多动症。他对自己的怀疑与自卑成了蒙在心上的阴影，所以，需要打破他这个习惯性的自我挫败思维。

"我们来做一个画圈游戏。画圈游戏有很多种，如在众多数字排列中找出两两相邻，其和等于 10 的成对数字。在每对数字下方画短线或圈。会吧？"

听到做游戏，他显然来了一些精神。就像画画时那样，他是那样专注，反应也很快，整个过程保持极高的热情与效率。

我由衷地感到开心，也有些刻意地放大了它的功效："你看，这个任务其实既能检测又能训练注意力哦！你的表现高于平均水平！事实证明，你有足够的潜力来开发自己的专注度，'多动症'这顶帽子可以摘掉了。"

城城很高兴地说："太好了！以后我还到您这里来做这样的训练。"

"好的。"我爽快地答应了。

之后的几次咨询主要是做各种训练，如反应训练、快速分类训练、注意力稳定性训练、注意力转移性训练和注意力分配训练等。城城既能保持前来咨询的兴趣，又能得到系统训练，可以明显地感受到他提高注意力后信心大增。

当城城慢慢地对集中注意力有了信心后，我开始思考如何调动他的支持系统来帮助他实现可持续的进步。因为第一次的那幅画还未画完，需要处理他内心的孤独感。改进注意力是治标，加强支持系统，强大内心才是治本。

我邀请城城父子一起做沙盘。他们之间几乎没有交流，对怎么制作出沙盘作品没有形成任何共识，各做各的。而城城有一种不自觉的紧张感。沙盘游戏结束后，我和城城爸爸做了交流。一般来说，父亲在家庭中让孩子有敬畏感是养成良好规范的基础，这是必需的。但是因为缺失妈妈的关爱，父亲更需要给孩子心理支持，不能总是让孩子敬而远之。

经过一段时间的心理辅导，虽然城城的学习成绩在这所优质学校中依然显得不那么出众，多动的表现仍时而出现，但他变得更有信心了，也不再那么焦虑不安了。

聆听手记

这个个案处理起来其实是有些棘手的。在整个过程中，我都在试图摘掉医生给城城戴上的"多动症"的帽子。这其实很有风险，因为我并没有诊断权。但是，事实证明摘掉这个标签并没有给城城带来负面影响，反而能缓解他心中的压力。一些有趣的注意力训练既能让他保持来心理咨询室的兴趣，又能系统地训练他的注意力，更能增强他控制自身注意力的信心和动力。我通过绘画和沙盘的方式了解了城城的家庭动力，逐渐发现帮助城城的根本方法在于，给他尽可能创设一个温暖的氛围，给予足够的心理支持。

图书在版编目（CIP）数据

读懂初中生：心理特级教师的咨询手记 / 杨敏毅，
黄莉莉著 . -- 修订本 . -- 北京：中国人民大学出版社，
2023.1
ISBN 978 - 7 - 300 - 31292 - 7

Ⅰ.①读… Ⅱ.①杨… ②黄… Ⅲ.①心理健康—健
康教育—初中—教学参考资料 Ⅳ.① G444

中国版本图书馆 CIP 数据核字（2022）第 245113 号

读懂初中生：心理特级教师的咨询手记（修订本）

杨敏毅　黄莉莉　著

Du Dong Chuzhongsheng: Xinli Teji Jiaoshi de Zixun Shouji (Xiuding Ben)

出版发行	中国人民大学出版社		
社　　址	北京中关村大街 31 号	**邮政编码**	100080
电　　话	010 - 62511242（总编室）	010 - 62511770（质管部）
	010 - 82501766（邮购部）	010 - 62514148（门市部）
	010 - 62515195（发行公司）	010 - 62515275（盗版举报）
网　　址	http://www.crup.com.cn		
经　　销	新华书店		
印　　刷	北京华宇信诺印刷有限公司		
规　　格	168 mm × 239 mm　16 开本	**版　　次**	2023 年 1 月第 1 版
印　　张	14.5　插页 1	**印　　次**	2023 年 1 月第 1 次印刷
字　　数	190 000	**定　　价**	68.00 元